ŒUVRES COMPLÈTES
DE
SIR WALTER SCOTT.

Traduction Nouvelle.

PARIS,
CHARLES GOSSELIN ET A. SAUTELET ET C°
LIBRAIRES-ÉDITEURS.

M DCCC XXVII.

OEUVRES COMPLÈTES

DE

SIR WALTER SCOTT.

TOME CINQUANTE-UNIÈME.

IMPRIMERIE DE H. FOURNIER,
RUE DE SEINE, N° 14.

PEVERIL

DU PIC.

« Si mes lecteurs venaient à remarquer que par
» moment je suis ennuyeux, ils peuvent être
» persuadés que ce n'est pas sans quelque secret
» motif. »

Les Moralistes anglais.

TOME PREMIER.

(Peveril of the Peak.)

LETTRE

SERVANT DE PRÉFACE,

ÉCRITE

PAR LE RÉVÉREND DOCTEUR DRIASDUST D'YORK,
AU CAPITAINE CLUTTERBUCK, A FAIRY-LODGE (1)
PRÈS DE KENNAQUHAIR.

Mon digne et cher Monsieur,

J'aurais pu répondre à votre dernière lettre, avec le poète classique, *Haud equidem invideo, miror magis* (2); car bien que, depuis non enfance, je me sois toujours occupé des restes de l'antiquité, cependant je n'aime pas que des spectres et des revenans se chargent du rôle de commentateurs; et en vérité le récit de votre conversation avec notre illustre père, dans la crypte ou le cabinet le plus secret des éditeurs d'Édimbourg, pro-

(1) Loge des fées. — ÉD.
(2) Non certes je n'éprouve aucune envie, mais plutôt de la surprise. — TR.

duisit sur moi à peu près le même effet que l'apparition du fantôme d'Hector sur le héros de l'Énéide.

Obstupui, steteruntque comæ (1).

Mais je vous répète que cette vision m'a surpris, sans que je vous aie envié le plaisir d'avoir vu notre illustre père. Il paraît qu'il lui est maintenant permis de se montrer à sa famille plus librement qu'autrefois, ou que le vieux brave homme est devenu un peu bavard dans ces derniers temps. En un mot, pour ne pas vous faire épuiser votre patience en vaines conjectures, et moi aussi j'ai eu une vision de l'auteur de Waverley. Je ne prétends pas m'en faire accroire, en vous faisant observer que cette entrevue fut signalée par des prévenances plus marquées encore que celles dont il vous honora dans votre conférence avec lui chez notre digne éditeur ; car la vôtre avait l'air d'une rencontre fortuite, tandis que la mienne fut précédée par la communication d'un gros manuscrit contenant une nouvelle histoire intitulée : PEVERIL DU PIC.

Je n'eus pas plus tôt remarqué que ce manuscrit était une histoire de trois cent trente pages environ par volume, que je soupçonnai sur-le-champ à qui j'étais redevable de cet envoi, et m'étant mis à en parcourir les pages, je commençai à me flatter sérieusement que je pourrais peut-être bientôt voir l'auteur lui-même.

Je ne puis m'empêcher de vous faire observer encore que, tandis qu'un appartement intérieur de la boutique de M. Constable avait été jugé un lieu assez solennel pour vous donner votre audience, notre vénérable père

---

(1) Je fus surpris, mes cheveux se dressèrent! — TR.

a bien voulu m'accorder la mienne dans mon propre logement, *intra parietes*, puis-je dire, et sans courir le risque d'aucune interruption. Je dois aussi vous faire remarquer que les traits, la forme et le costume de l'*Eidolon*, comme vous nommez avec raison l'apparition de notre père, me parurent plus caractéristiques qu'il ne vous fut accordé de les voir. Je reviendrai sur ce point ; mais à Dieu ne plaise que ces marques si décidées de préférence me donnent de l'orgueil, ou m'inspirent des prétentions à la supériorité sur les autres descendans de notre père commun. *Laus propria sordet* (1). Je suis convaincu qu'il fit cet honneur, non à ma personne, mais à mon habit, et que cette préférence avait pour but d'élever, non Jonas Driasdust au-dessus de Clutterbuck, mais le docteur en théologie au-dessus du capitaine.

Cedant arma togæ : maxime qu'on ne doit oublier en aucun temps, et qu'il faut surtout se rappeler quand le militaire est en demi-solde.

Mais il me semble que je vous garde trop long-temps sous le vestibule, et que je vous fatigue de longues inductions, tandis que vous voudriez me voir *properare in mediam rem*. Soit fait comme vous le désirez ; car, comme Sa Grace a coutume de le dire de moi avec esprit : — Personne ne conte une histoire aussi bien que le docteur Driasdust, quand une fois il a trouvé le premier mot. — *Jocosè hoc.* Mais poursuivons.

J'avais savouré tout le charme de l'ouvrage que j'avais reçu depuis environ huit jours, et ce n'avait pas été sans peine ; car l'écriture de notre père est devenue si petite et si mauvaise, que je fus obligé de me servir d'un microscope. Sentant mes yeux un peu fatigués à la fin

(1) C'est se faire laid que de se vanter soi-même. — Tr.

du second volume, je me renversai sur le dossier de mon fauteuil, et je commençai à examiner si quelques-unes des objections qu'on a particulièrement opposées à notre père ne pouvaient pas être encore plus applicables au manuscrit que je venais de lire. Il s'y trouve assez de fictions, me dis-je à moi-même, pour jeter la confusion dans la marche de toute une histoire, assez d'anachronismes pour renverser tous les systèmes de chronologie. Le vieillard a passé toutes les bornes. *Abiit — evasit — erupit.*

Comme ces pensées se succédaient dans mon imagination, je tombai dans un accès de rêverie qui m'est assez ordinaire après le dîner, quand je suis seul, ou que je n'ai avec moi que mon vicaire. J'étais pourtant éveillé, car je me souviens que je voyais dans les cendres rouges du feu la figure d'une mitre, avec les tours d'une cathédrale sur le second plan. De plus, je me souviens encore d'avoir fixé les yeux pendant un certain temps sur la physionomie avenante du docteur White-rose, mon oncle maternel, le même dont il est parlé dans la *Prison d'Édimbourg*, et dont le portrait, en grande perruque et en vêtemens sacerdotaux, est suspendu au-dessus de ma cheminée. Enfin je me souviens d'avoir remarqué les fleurs sculptées sur le cadre de bois de chêne, et d'avoir jeté un regard sur les pistolets suspendus au-dessous, et qui sont les armes à feu dont mon oncle, dans l'année 1746, si fertile en événemens, avait dessein de s'armer pour épouser la cause du prince Charles-Édouard; car, à dire vrai, mon oncle tenait beaucoup moins à sa sûreté personnelle qu'à ses principes épiscopaux, et il n'attendait que la nouvelle de l'entrée du prince dans Londres pour aller l'y joindre.

La rêverie dans laquelle j'étais plongé me paraît un état compatible avec mes méditations les plus sérieuses et les plus profondes. Je m'abandonne alors aux chimères de la capricieuse imagination, dans un état qui n'est ni le sommeil ni la veille, et que je considère comme tellement favorable à la philosophie, que je ne doute pas que quelques-uns des systèmes les plus célèbres de cette science n'aient été composés sous son influence. Ordre est donné à mon domestique de marcher comme sur du duvet, les gonds de mes portes sont soigneusement huilés, tout est mis en usage pour empêcher que je ne sois prématurément et durement rappelé au grand jour du monde actif. Ma coutume à cet égard est si bien connue, que les écoliers mêmes passent dans la rue sur la pointe des pieds entre quatre et cinq heures. Mon cabinet est le véritable temple de Morphée. Il est bien vrai qu'il existe un malheureux crieur de balais, *quem ego;* — mais ce sera une affaire pour la session de trimestre.

J'étais donc dans cette humeur de philosophe; ma tête était appuyée sur le dossier de mon fauteuil, et les yeux de mon corps commençaient à se fermer, sans doute afin que ceux de mon esprit en fussent mieux ouverts, lorsque je tressaillis en entendant frapper à ma porte avec plus de bruit que ne se permettrait d'en faire aucun de ceux qui, connaissant mes habitudes, viendraient me visiter à cette heure. Je me relevai sur mon fauteuil, et je distinguai la marche de mon domestique dans le corridor, suivie d'un pas lourd et mesuré qui ébranlait le plancher de chêne.

— Un étranger, monsieur, arrivant d'Édimbourg par la diligence, désire parler à Votre Révérence.

Telles furent les paroles que Jacob prononça en ouvrant la porte, et en la poussant jusqu'au mur; quoiqu'il n'y eût rien d'extraordinaire dans cette annonce, le ton dont il la fit me prépara à recevoir une visite peu ordinaire.

L'auteur de Waverley entra, homme gros et grand, avec une redingote de voyage par-dessus un habit couleur de tabac, taillé en imitation de celui que portait le grand Rôdeur. Son chapeau rabattu, car il dédaignait la frivolité moderne d'un bonnet de voyage, était attaché sur sa tête par le moyen d'un grand mouchoir de soie, arrangé de manière à préserver ses oreilles du froid et du bavardage des agréables compagnons qu'il avait eus dans la voiture publique dont il sortait. Ses gros sourcils gris lui donnaient un air qui annonçait une finesse un peu moqueuse et le bon sens. Ses traits étaient d'ailleurs largement dessinés, et formaient plutôt une physionomie lourde qu'une expression d'esprit ou de génie; mais le prolongement de son nez était remarquable, et rappelait ce vers latin :

Immodicum surgit pro cuspide rostrum

Sa main s'appuyait sur une forte canne; — un double mouchoir de Barcelone protégeait son cou; son ventre était assez saillant; ses culottes étaient de gros drap; — enfin une paire de bottes à revers, qui tombaient sur ses chevilles pour ne pas gêner ses vastes mollets, laissaient voir d'excellens bas de voyage en laine d'agneau, non travaillés au métier, mais tricotés à l'aiguille, suivant la vénérable et ancienne mode, et connus en Écosse sous le nom de bas à côtes. Son âge paraissait beaucoup au-dessus de cinquante ans, mais ne pouvait pas s'élever à soixante; ce que je remarquai avec plaisir, espérant qu'on pourrait encore en tirer un bon nombre d'ouvrages, d'autant plus que son air de santé, la force et l'étendue de sa voix, la fermeté de sa démarche, la rotondité de son mollet, son *hem!* sonore et l'emphase de son éternument, attestaient une constitution solide.

Au premier coup d'œil, je crus voir dans cet homme de belle taille l'individu robuste qui fournit un thême si varié de suppositions à notre amusant et élégant voyageur du royaume d'Utopie, M. Geoffrey Crayon (1), dans son n° 11. En vérité, sans un petit trait dans la conduite de l'homme de M. Geoffrey Crayon, je veux dire sa galanterie pour son hôtesse, chose qui aurait été grandement dérogatoire au caractère de notre père, j'aurais été disposé à croire que maître Crayon, en cette occasion mémorable, avait réellement passé son temps dans le voisinage de l'auteur de Waverley. Mais notre digne patriarche, soit dit à son éloge, bien loin d'aimer la société du beau sexe, paraît plutôt disposé à éviter tout commerce avec les femmes, et à imiter en ce point notre parent et ami Jonathan Oldbuck (2). Une circonstance qui suivit immédiatement son arrivée me porta à faire cette conjecture.

M'étant félicité de sa visite, et lui en ayant fait mes remerciemens, je voulus lui offrir le rafraîchissement le plus convenable à l'heure du jour, et je lui proposai de faire venir ma cousine, miss Catherine Witherose, ma femme de charge, pour préparer le thé ; mais il ré-

(1) Washington Irving, que les critiques anglais ont surnommé l'Addisson américain. Sous le nom fictif de Geoffrey Crayon, il a publié *the Sketch Book* et *Bracebridge-Hall*. Le premier de ces ouvrages est dédié à sir Walter Scott. — Éd.

(2) L'Antiquaire du roman de ce nom. — Éd.

jeta cette proposition avec un dédain digne du laird de Monkbarns.—Point de bouillon à scandale, s'écria-t-il ; point d'insipide bavardage de femme pour moi ; un pot de bière mousseuse, une tranche de bœuf; point d'autre compagnie que la vôtre, point d'autres rafraîchissemens que ceux que le tonneau et le gril peuvent fournir.

Le beefsteak, la rôtie et le pot de bière ne tardèrent pas à paraître, et, apparition en esprit ou en personne, mon voyageur montra un appétit capable de faire envie à un chasseur qui aurait couru quarante milles après un renard. Il ne manqua pas non plus de faire des appels longs et solennels, non-seulement au pot de bière, mais à deux carafes de cristal remplies d'excellent madère et de vieux porto venant de Londres, que j'avais extraits, le premier d'un cellier où il pouvait sentir la chaleur bénigne du four, pour le mûrir ; le second d'une crypte profonde, située dans mon antique cave, qui peut-être a contenu autrefois des vins à l'usage des vainqueurs du monde, la voûte en étant construite de briques romaines. Je ne pus m'empêcher d'admirer le robuste appétit dont il donnait des preuves, et le goût qu'il montrait pour les mets et les généreuses liqueurs de la vieille Angleterre ; je l'en félicitai.

— Monsieur, me répondit-il, il faut que je mange en Anglais pour me rendre digne de prendre ma place dans une des compagnies les plus choisies d'esprits véritablement anglais qui se soient jamais réunis autour d'une table pour découper un aloyau de bœuf de montagne et attaquer un généreux plum-pouding.

Je lui demandai, mais avec déférence et modestie, quel était le but de son voyage, et à quelle société distinguée il appliquait une définition si générale. Imitant humblement votre exemple, je procéderai à donner au dialogue suivant une forme dramatique, si ce n'est quand la description deviendra nécessaire.

L'auteur de Waverley. A qui pourrais-je faire l'application d'une telle définition, si ce n'est à la seule société à qui elle peut être applicable; à ces juges infaillibles des vieux livres et du vin vieux ; — le club de Roxburgh (1) de Londres ? N'avez-vous pas entendu dire que j'ai été élu membre de cette société de bibliomanes d'élite ?

Driasdust (fouillant dans sa poche). Le capitaine Clutterbuck m'en a dit quelque chose dans une lettre qu'il m'a écrite ; — oui, la voici. Il me dit que ce bruit courait parmi les antiquaires écossais, qui craignaient beaucoup que vous ne vous laissassiez séduire par l'hérésie de préférer le bœuf d'Angleterre au mouton à tête noire (2) de sept ans, le marasquin au whisky, et la soupe à la tortue à la soupe aux poireaux ; auquel cas il faudrait qu'ils vous regardassent comme un homme perdu. — Mais, ajoute notre ami dont la main sent tout-à-fait le militaire, et qui est plus accoutumé à manier une épée qu'une plume, notre ami est tellement sur... sur la... sur la RÉSERVE... — oui, c'est réserve, je crois, — qu'il ne faudra pas une petite tentation pour le déterminer à quitter l'incognito.

L'auteur de Waverley. Il a raison sans doute ; mais ce n'est pas une petite tentation que de pouvoir trinquer

---

(1) Ainsi nommé du duc de Roxburgh, fameux bibliographe d'Écosse. — ÉD.

(2) Les Anglais regardent comme un mets vulgaire et même dégoûtant la tête de mouton, qui est un mets chéri du peuple d'Écosse. — ÉD.

avec les lords des trésors littéraires d'Althorpe et d'Hodnet, en buvant du négus au madère, préparé par les mains classiques de Dibdin (1); prendre part à ces profonds débats qui assignent à chaque petit volume à vieille reliure, à dorure sur tranche ternie, le rang exact qu'il doit occuper; boire à l'immortelle mémoire de Caxton, de Valdarar, de Pynson (2), et des autres pères de ce grand art qui nous a fait tous, et chacun de nous en particulier, ce que nous sommes. Telles sont, mon cher fils, les tentations par suite desquelles vous me voyez en ce moment en chemin pour quitter ce coin du feu tranquille, où, inconnu et ignoré, sauf de la nombreuse famille à laquelle j'ai donné l'être, je m'étais proposé de passer le reste du soir de mes jours.

En parlant ainsi, notre vénérable ami eut encore une fois recours au pot de bière, comme si ce qu'il venait de dire lui eût suggéré ce spécifique contre les maux de la vie, recommandé dans la célèbre réponse de l'anachorète de Johnson :

Approchez, mon enfant, prenez un peu de bière.

Quand il eut remis sur la table le pot d'argent, il poussa une espèce de soupir pour reprendre haleine, l'action de boire à longs traits ayant interrompu sa respiration. Je ne pus m'empêcher d'y faire écho avec un accent si pathétique qu'il fixa les yeux sur moi d'un air de surprise.

— Que veut dire ceci? me dit-il d'un ton un peu

(1) Le révérend docteur Dibdin, vrai Don Quichotte de la bibliomanie. — Éd.
(2) Anciens imprimeurs. — Éd.

courroucé; vous, la créature de ma volonté, seriez-vous envieux de ma promotion? Vous ai-je consacré, à vous et à vos camarades, les heures les plus précieuses de mes sept dernières années, pour que vous ayez la présomption de vous livrer aux regrets et aux murmures si je cherche, dans celles qui doivent les suivre, à me procurer quelques jouissances dans une compagnie si convenable à mes goûts?

Je m'humiliai devant le vieillard offensé, et je l'assurai de mon innocence en tout ce qui pouvait lui avoir déplu. Il me parut apaisé en partie; cependant il me regardait encore avec des yeux pleins de soupçon, en employant, pour me faire une question, les paroles du vieux Norton dans la ballade intitulée: *l'Insurrection du nord*.

L'auteur de Waverley.

> Que veux-tu donc, François Norton,
> Toi, le plus jeune de ma race?
> Ouvre-moi ton cœur sans façon,
> Que désires-tu que je fasse?

Driasdust. Implorant votre pardon paternel pour ma témérité présomptueuse, je vous dirai que je n'ai pu m'empêcher de soupirer en pensant qu'il était possible que vous allassiez vous aventurer dans un corps de critiques pour qui, en leur qualité d'antiquaires, la recherche de la vérité est un devoir spécial, et qui, par conséquent, peuvent frapper d'une censure d'autant plus sévère ces déviations que vous vous plaisez si souvent à faire hors du chemin de l'histoire et de la vérité.

L'auteur de Waverley. Je vous comprends: vous voulez dire que ces savans n'auront que peu de tolérance pour un roman dont l'histoire est la base.

Driasdust. A ne vous rien taire, monsieur, je crains qu'ils n'aient tant de respect pour cette base, qu'ils pourront être tentés de contester la justesse des principes d'après lesquels aura été élevé l'édifice qu'elle soutient, de même qu'un voyageur instruit ne peut contenir l'expression de son humeur et de son indignation, lorsqu'en voyageant dans la Grèce il voit un kiosque turc s'élever sur les ruines d'un ancien temple.

L'auteur de Waverley. Mais, puisqu'on ne peut reconstruire le temple, le kiosque peut avoir son mérite. Qu'en pensez-vous? Si l'architecture, en la critiquant d'après des principes sévères et classiques, n'en est pas tout-à-fait correcte, elle présente à l'œil quelque chose qui n'est pas commun; elle offre à l'imagination je ne sais quoi de fantastique que le spectateur contemple avec le même plaisir qu'il éprouve en lisant un conte oriental.

Driasdust. Je ne suis pas en état de lutter contre vous en métaphores, monsieur; mais je dois dire, pour l'acquit de ma conscience, qu'on vous reproche beaucoup de corrompre les sources pures des connaissances historiques. Vous en approchez, dit-on, comme cet ivrogne qui jadis souilla le cristal liquide destiné à désaltérer sa famille, en y jetant une vingtaine de pains de sucre et un tonneau de rum, et qui par là fit d'un breuvage simple et salubre une boisson stupéfiante et enivrante, plus agréable au goût, à la vérité, que le fluide primitif, mais, par cela même, plus perfide et plus pernicieuse.

L'auteur de Waverley. Je conviens que votre métaphore est juste, docteur; mais, quoique le meilleur punch ne puisse suppléer au manque d'eau, cependant, pris avec modération, il ne peut être regardé comme *malum in se;* et j'aurais chicané le ministre de la paroisse sur son peu de délicatesse, si, après avoir aidé l'honnête ivrogne à vider sa fontaine le samedi soir, il était monté en chaire le dimanche matin pour prêcher contre son hospitalité. Je lui aurais répondu que la saveur de la liqueur aurait dû le mettre à l'instant sur ses gardes, et que, s'il en avait pris une goutte de trop, il devait blâmer son imprudence, plutôt que l'hospitalité de celui qui le recevait.

Driasdust. J'avoue que je ne vois pas trop à quoi cela peut s'appliquer.

L'auteur de Waverley. C'est que vous êtes du nombre de ces argumentateurs qui ne veulent jamais suivre leur métaphore un pas plus loin qu'il ne leur convient. Au surplus, je vais m'expliquer. Un pauvre diable comme moi, fatigué de mettre à contribution son imagination stérile et bornée, cherche quelque sujet général dans le champ immense de l'histoire, si riche en toutes sortes d'exemples; il s'arrête sur quelque personnage, sur quelque combinaison de circonstances, et sur quelque trait de mœurs qui le frappe; il s'imagine qu'il pourra s'en servir avantageusement pour en faire la base d'une fiction; il y ajoute la couleur qui lui plaît, l'orne d'incidens romanesques pour relever l'effet général, y introduit les caractères qui peuvent le mieux contraster ensemble, et s'imagine peut-être qu'il a rendu quelque service au public, s'il peut lui présenter un agréable tableau d'imagination, pour lequel l'anecdote ou la circonstance dont il s'est emparé ne lui a fourni qu'une légère esquisse. Or, je ne puis apercevoir en cela le moindre mal. Les trésors de l'histoire sont accessibles à chacun : ils ne sont pas plus épuisés par ce qu'on y emprunte que la fontaine n'est desséchée par celui qui y puise de l'eau pour ses besoins journaliers. Et, pour répondre à l'accusation modeste de fausseté contre une fiction positivement annoncée comme telle, il n'est besoin que de répéter l'exclamation de Prior :

Corbleu ! faut-il jurer qu'une chanson est vraie ?

Driasdust. Tout cela peut être, mais je crains que vous ne fassiez ici une réponse évasive. On ne vous accuse pas sérieusement de falsifier l'histoire, quoique je vous assure que j'ai lu quelques traités fort graves dans lesquels on jugeait nécessaire de contredire vos assertions.

L'auteur de Waverley. C'était certainement pointer contre une vapeur du matin une batterie de canon.

Driasdust. Mais en outre, on dit surtout que vous courez le risque de faire négliger l'histoire, les lecteurs se contentant des connaissances superficielles qu'ils se procurent en lisant vos ouvrages, qui les portent à s'éloigner des livres plus sérieux et plus exacts.

L'auteur de Waverley. Je nie la conséquence. Au contraire, je crois pouvoir me flatter d'avoir dirigé l'attention du public sur différens points qui ont été éclaircis par les recherches d'auteurs plus savans, parce que mes romans y avaient attaché quelque intérêt. Je pourrais en citer des preuves, mais j'abhorre la vanité ; oui, j'abhorre la vanité. On connaît l'histoire de la baguette divinatoire. C'est une branche d'arbre sans valeur en elle-même; mais elle indique par son mouvement l'endroit où des veines de métaux précieux sont cachées sous la terre, et enrichissent ensuite les aventuriers qui les exploitent. Je ne réclame pas un plus grand mérite pour mes suggestions historiques, mais c'est déjà quelque chose.

Driasdust. Nous autres antiquaires moins indulgens, monsieur, nous pouvons vous accorder ce point, c'est-à-dire que vos ouvrages ont quelquefois mis des hommes d'un jugement solide sur la voie de recherches auxquelles sans cela ils n'auraient peut-être pas pensé à se livrer. Mais vous n'encourez pas moins une grande responsabilité, en donnant une fausse direction à l'esprit des jeunes gens, des personnes indolentes et frivoles, entre les mains de qui vous mettez des ouvrages dont l'instruction apparente impose silence aux reproches que leur ferait leur conscience d'employer leur temps à les lire, et qui cependant ne leur mettent dans la tête que des faits mal digérés, incertains, souvent même contraires à la vérité.

L'auteur de Waverley. Il ne me conviendrait pas, révérend docteur, d'accuser un homme qui porte votre robe, de parler la langue des tartufes (1); mais dites-moi, je vous prie, si le pathos avec lequel vous appuyez sur ce danger n'y ressemble pas un peu? Je soutiens au contraire qu'en présentant à l'altière jeunesse la véritée parée des ornemens de la fiction, je rends un véritable service à ceux qui ont plus d'aptitude et de génie; car le goût de la science n'a besoin que d'être excité. Quand la traînée de poudre est bien

(1) *Cant.* — Éd.

préparée, la moindre étincelle suffit pour l'enflammer. De même, quand on a pris intérêt à des aventures fictives attribuées à une époque et à des caractères historiques, on commence à éprouver le désir de savoir quels sont les faits véritables, et si le romancier les a bien représentés.

Mais, en supposant même que l'esprit du lecteur plus insouciant se contente de la lecture frivole d'un roman historique, il ne quittera pas le livre sans avoir acquis quelques connaissances, qui ne seront peut-être pas de la plus grande exactitude, mais qu'il n'aurait jamais obtenues sans cela. Je ne parle pas seulement ici des esprits ordinaires et peu curieux ; j'y comprends au contraire des personnes douées de grands talens, mais qui, faute de temps ou de persévérance, sont disposées à se contenter des connaissances superficielles qu'elles peuvent se procurer de cette manière. Par exemple, le duc de Marlborough ayant cité d'une manière peu exacte, dans la conversation, je ne sais quel trait de l'histoire d'Angleterre, on lui demanda où il l'avait puisé. — Dans les pièces historiques de Shakspeare, répondit le vainqueur de Blenheim, la seule histoire d'Angleterre que j'aie jamais lue. Et il ne faut qu'un moment de réflexion pour convaincre chacun de nous que les parties de cette histoire que nous connaissons le mieux sont celles que ce poète immortel a transportées sur la scène anglaise.

Driasdust. Et vous, mon digne monsieur, vous avez l'ambition de rendre un pareil service à la postérité ?

L'auteur de Waverley. Que tous les saints me préservent d'être coupable d'une vanité si mal fondée ! Je rappelle seulement ce qui a été fait quand il y avait des géans dans le pays. Et cependant, nous autres pygmées du temps actuel, nous pouvons encore faire quelque chose; il est bon d'avoir un modèle devant nos yeux, quoique ce modèle soit inimitable.

Driasdust. Fort bien, monsieur; avec moi vous pouvez dire tout ce qu'il vous plaira; car, pour des raisons qui vous sont bien connues, il m'est impossible de répliquer à vos argumens. Mais je doute que tous vos raisonnemens fassent goûter au public les anachronismes qui se trouvent dans ces volumes-ci. — Voilà une comtesse de Derby que vous faites sortir de la tombe pour lui attribuer je ne sais combien d'aventures vingt ans après sa mort.

L'auteur de Waverley. Elle peut m'assigner en dommages et intérêts, comme dans le procès de Didon contre Virgile.

Driasdust. Un plus grand défaut, c'est que les mœurs du temps y sont représentées d'une manière encore plus incorrecte que de coutume. Votre Puritain n'est qu'une faible ébauche comparé à votre Caméronien (1).

L'auteur de Waverley. J'en conviens; mais quoique je persiste à soutenir que l'hypocrisie et le fanatisme doivent être voués au ridicule et à la satire, je sens la difficulté d'en faire des objets de risée ou d'horreur sans employer un coloris qui pourrait blesser les gens sincèrement vertueux et religieux. Bien des choses peuvent être légalement permises, sans être pour cela convenables; et il existe certains sentimens trop respectables pour mériter nos outrages, quoique nous ne les partagions pas tout-à-fait nous-mêmes.

---

(1) Balfour de Burley des *Contes de mon Hôte.* — Éd.

Driasdust. Pour ne pas dire, mon digne monsieur, que peut-être vous regardez le sujet comme épuisé.

L'auteur de Waverley. Au diable la génération actuelle, qui prête toujours à la conduite des autres l'interprétation la plus défavorable!

A ces mots, me faisant de la main une sorte d'adieu à la hâte, il ouvrit la porte et descendit précipitamment les escaliers. Je me levai sur-le-champ, et sonnai mon domestique, qui arriva à l'instant. Je lui demandai ce qu'était devenu l'étranger. Il nia que personne fût entré. Je lui montrai les carafes vides, et le maraud... le maraud eut l'assurance de me répondre qu'il remarquait quelquefois un pareil vide quand je n'avais d'autre compagnie que la mienne. Je ne sais que décider dans une affaire si douteuse, mais j'imiterai certainement votre exemple, en plaçant ce dialogue et ma présente lettre en tête de Peveril du Pic.

Je suis,

Mon cher monsieur,

Votre très-humble et très-obéissant serviteur,

John Driasdust.

York, le jour de Saint-Michel, 1822.

PEVERIL
DU PIC.

PEVERIL DU PIC.

(Peveril of the Peak.)

CHAPITRE PREMIER.

« Ce fut quand la discorde, arborant son drapeau,
» De la guerre civile alluma le flambeau;
» Quand la haine, l'orgueil, la vengeance et l'envie
» Vinrent dans tous les rangs semer la zizanie. »
Butler.

Guillaume-le-Conquérant fut, ou du moins croyait être le père d'un certain William Peveril, qui combattit sous ses ordres à la bataille d'Hastings, et qui s'y distingua. Il n'était pas probable que l'illégitimité de son fils s'opposerait aux faveurs d'un monarque qui, méprisant le préjugé, prenait dans ses chartes le titre de *Gulielmus Bastardus*. Quand le conquérant normand fit la loi en Angleterre et put disposer arbitrairement des domaines des Saxons, William Peveril obtint la concession de plusieurs belles seigneuries dans le comté de Derby, et devint le fondateur de cette forteresse qui, suspendue en quelque sorte sur l'entrée de la *Caverne du Diable*, si bien connue de tous ceux qui ont voyagé dans ce pays, donne le nom de Castleton (1) au village voisin.

Ce baron féodal avait construit son habitation d'après les mêmes principes suivant lesquels l'aigle se choisit une aire, et l'avait bâtie, ainsi que le dit un Irlandais des tours de Martello, comme s'il n'avait eu d'autre dessein que de laisser la postérité dans l'embarras pour en assigner le motif : c'est de lui que descendait, ou du moins que prétendait descendre (car cette généalogie était un peu hypothétique) une famille opulente dont le chef avait le titre de chevalier, et demeurant dans le même comté de Derby. Le grand fief de Castleton, les bruyères et les forêts qui en faisaient partie, avec toutes leurs merveilles, avaient été confisqués sous le règne orageux du roi Jean, et un nouvel octroi en avait été fait alors à lord Ferrers. Cependant les descendans du William dont nous venons de parler, quoiqu'ils ne possédassent plus le domaine qu'ils prétendaient avoir appartenu jadis à leur famille, n'en conservaient pas moins avec orgueil le titre de Peveril du Pic, comme une marque de leur origine antique et de leurs hautes prétentions.

Sous le règne de Charles II, sir Geoffrey Peveril était le représentant de cette noble famille. C'était un homme

(1) Le village du château. — Éd.

qui, avec la plupart des qualités ordinaires d'un gentilhomme campagnard, avait conservé les anciennes mœurs, et que peu de traits particuliers pouvaient distinguer du type général de cette digne classe de citoyens. Il était fier de petits avantages, et s'irritait de petites contrariétés. Il ne savait ni se former une opinion, ni prendre une résolution qui ne se ressentissent de ses préjugés. Il était orgueilleux de sa naissance, prodigue dans sa manière de vivre, hospitalier avec ses parens et ses connaissances qui voulaient bien reconnaître la supériorité de son rang; il se montrait querelleur et fâcheux avec tous ceux qui contestaient ses prétentions; bon pour les pauvres, à moins qu'ils ne fissent le métier de braconnier; royaliste bien prononcé dans ses opinions politiques, et détestant également une Tête-Ronde, un braconnier et un Presbytérien. Les principes religieux de sir Geoffrey étaient ceux des épiscopaux, et il y tenait si fortement, que bien des gens croyaient qu'il était secrètement attaché aux dogmes de l'église catholique, quoique sa famille y eût renoncé du temps de son père; on prétendait même qu'il avait obtenu une dispense qui lui permettait de se conformer extérieurement à toutes les pratiques de la religion protestante. Ce bruit calomnieux courait du moins parmi les Puritains, et l'influence que sir Geoffrey Peveril paraissait certainement posséder parmi les gentilshommes catholiques des comtés de Derby et de Chester semblait le rendre plus vraisemblable.

Tel était sir Geoffrey Peveril, et il aurait pu passer de ce monde dans l'autre sans autre distinction qu'une inscription sur la pierre de son tombeau, s'il n'eût vécu dans un temps qui forçait les esprits les moins actifs à se mettre en action, de même qu'une tempête soulève les eaux dormantes du lac le plus tranquille. Quand les guerres civiles éclatèrent, Peveril du Pic, fier de sa naissance, et brave par tempérament, leva un régiment pour le roi, et montra en diverses occasions qu'il avait plus de talens pour le commandement qu'on ne lui en avait supposé jusqu'alors.

Au milieu même des discordes civiles, il devint épris d'une jeune, jolie et aimable demoiselle de la noble maison de Stanley, et il l'épousa. Depuis ce temps il eut d'autant plus de mérite à persister dans sa loyauté (1), qu'il fut obligé de se séparer souvent de sa jeune épouse, ne pouvant jouir de sa société que par intervalles lorsque ses devoirs lui permettaient de venir passer dans son château un temps toujours bien court. Ne se laissant pas détourner de ses devoirs militaires par le charme des plaisirs domestiques, Peveril du Pic combattit pendant plusieurs années de la guerre civile, et se conduisit avec bravoure jusqu'à ce que son régiment eut été surpris et taillé en pièces par Poyntz, général aussi heureux qu'entreprenant, qui commandait la cavalerie de Cromwell. Le Cavalier (2) échappa à la déroute, et, en véritable descendant de Guillaume-le-Conquérant, dédaignant de se soumettre, se jeta dans son château et y soutint un de ces sièges qui causèrent la

---

(1) *Loyauté, royaliste;* fidélité au roi de droit. — Éd.

(2) Nom que prenaient ceux qui portaient les armes en faveur du roi, par opposition aux républicains. *Cavalier* signifie en anglais un gai gentilhomme : ce mot est même employé adjectivement dans les vieux auteurs dans le sens de *joyeux*. Les partisans de Charles Ier reçurent les premiers ce titre, devenu synonyme de royaliste. — Éd.

destruction de tant de châteaux pendant le cours de ces malheureuses années. Celui de Martindale, après avoir beaucoup souffert du canon que Cromwell lui-même y amena pour le réduire, ne se rendit qu'à la dernière extrémité. Sir Geoffrey fut fait prisonnier, et lorsqu'on lui rendit la liberté, sous la promesse qu'il fit de rester à l'avenir fidèle sujet de la république, ses fautes passées, comme s'exprimait le parti victorieux, furent punies sévèrement par une amende, et par le séquestre de ses biens.

Ni cette promesse forcée, ni la crainte des suites fâcheuses qui pourraient en résulter pour sa personne ou ses propriétés, ne purent empêcher Peveril du Pic d'aller joindre le comte de Derby la nuit qui précéda la funeste journée de Wiggan-Lane, où eut lieu la défaite des forces du comte. Sir Geoffrey prit part à cette action, et ayant fait sa retraite avec les débris des troupes royalistes, il alla rejoindre Charles II. Il était aussi présent à la bataille de Worcester, qui acheva la ruine du parti royaliste, et il y fut fait prisonnier une seconde fois. Comme, dans l'opinion de Cromwell, et suivant le langage du temps, c'était un relaps, il courut grand risque de partager le sort du comte de Derby, décapité à Bolton-le-Moor, comme il avait partagé avec lui les périls des deux actions. Mais il dut la vie à l'intercession d'un ami qui possédait du crédit dans les conseils d'Olivier Cromwell.

Cet ami était un M. Bridgenorth, homme de la classe moyenne, dont le père, ayant fait d'excellentes affaires dans le commerce pendant le règne paisible de Jacques 1er, avait laissé à son fils une fortune considérable, indépendamment de son domaine patrimonial.

3.

Sur ce domaine s'élevait une maison bien bâtie en briques, mais de moyenne grandeur, portant le nom de Moultrassie-Hall, et située à environ deux milles du château de Martindale. Le jeune Bridgenorth avait étudié à la même école que l'héritier de Peveril, et il s'établit entre eux une sorte d'amitié qui jamais ne devint très-intime, mais qui subsista pendant toute leur jeunesse, d'autant plus que Bridgenorth, sans reconnaître les prétentions que sir Geoffrey avait à la supériorité avec autant d'humilité que celui-ci l'aurait désiré, montrait une déférence raisonnable pour le représentant d'une famille plus ancienne et plus importante que la sienne, et ne croyait nullement se dégrader en agissant ainsi.

M. Bridgenorth ne porta pourtant pas la complaisance jusqu'à embrasser le même parti que sir Geoffrey pendant les guerres civiles. Il était alors juge de paix; il se montra au contraire fort actif à lever la milice pour le compte du parlement, et servit lui-même quelque temps dans l'armée. Cette conduite lui fut inspirée en partie par ses principes religieux, car il était zélé presbytérien, et en partie par ses opinions politiques, qui, sans être absolument démocratiques, penchaient pour le côté populaire de la grande question qu'il s'agissait de décider. D'ailleurs, il avait des capitaux considérables, et il s'en fallait que ses yeux fussent fermés sur ses intérêts. Il sut profiter des occasions que la guerre civile lui offrit d'augmenter sa fortune par un emploi judicieux de son argent comptant, et il ne fut pas long-temps sans s'apercevoir que le plus sûr moyen d'y réussir était d'embrasser le parti du parlement; tandis que la cause du roi, de la manière dont elle était conduite, n'offrait aux riches que des exactions et des emprunts forcés. D'après tous ces motifs, Bridgenorth devint décidément Tête-Ronde, et toute liaison amicale entre lui et son voisin fut rompue tout à coup. Il en résulta pourtant d'autant moins d'aigreur, que, tant que la guerre civile dura, sir Geoffrey fut presque toujours en campagne, fidèlement attaché à la fortune chancelante de son malheureux maître, tandis que le major Bridgenorth, qui renonça bientôt au service militaire actif, demeura habituellement à Londres, ne venant à Moultrassie-Hall que de temps en temps, pour y voir sa femme et sa famille.

Il apprit pendant ces visites, et ce ne fut pas sans beaucoup de plaisir, que lady Peveril avait montré, en toute occasion, beaucoup de bontés à mistress Bridgenorth, et que lorsqu'un corps de la cavalerie indisciplinée du prince Rupert avait menacé de piller Moultrassie-Hall, elle lui avait donné un asile, ainsi qu'à sa famille, dans le château de Martindale. Leur connaissance s'était faite et s'était changée en amitié dans les fréquentes promenades que le voisinage de leurs demeures leur permettait de faire ensemble, et mistress Bridgenorth se trouvait fort honorée d'être admise dans la société d'une dame si distinguée.

Le major, de son côté, vit cette intimité avec beaucoup de satisfaction, et résolut de prouver sa reconnaissance, autant qu'il le pourrait sans se nuire à lui-même, en employant tout son crédit en faveur de son malheureux voisin. Ce fut principalement grace à son intercession que la vie de sir Geoffrey fut épargnée après la bataille de Worcester. Il obtint même pour lui la permission de rentrer en possession de ses domaines séquestrés, à des conditions plus favorables qu'on n'en avait encore accordé même à des royalistes moins prononcés. Enfin quand, pour se procurer la somme qu'il avait à payer, le chevalier fut obligé de vendre une portion considérable de son patrimoine, le major Bridgenorth en devint l'acquéreur, et lui en donna un prix plus considérable que celui qu'aucun Cavalier en pareilles circonstances avait reçu de ses biens d'aucun des membres du comité des séquestres. Il est vrai que le prudent major ne perdit pas tout-à-fait ses intérêts de vue dans cette affaire, car ce prix fut encore très-modique, et les biens qu'il acquit ainsi étaient situés autour de Moultrassie-Hall, dont la valeur fut au moins triplée par cette acquisition. Mais il faut convenir aussi que le malheureux propriétaire aurait été obligé de se soumettre à des conditions encore moins favorables, si le major avait voulu pleinement profiter des avantages que lui procurait la place qu'il occupait dans le comité dont nous venons de parler, ce que tous ses confrères avaient soin de faire. Bridgenorth se fit donc honneur d'avoir, en cette occasion, sacrifié l'intérêt à la générosité, et on lui en sut gré.

Sir Geoffrey Peveril partageait lui-même cette opinion, et d'autant plus volontiers que Bridgenorth semblait jouir avec modération de la nouvelle importance qu'il avait acquise, et qu'il paraissait lui montrer, au milieu de l'élévation de sa fortune, la même déférence qu'il lui avait témoignée dans l'origine de leur liaison. Pour rendre justice au major, il faut dire qu'en agissant ainsi il respectait les infortunes de son noble voisin, autant que ses prétentions, et qu'avec la générosité d'un franc Anglais il cédait sur bien des points de cérémonial qui lui étaient indifférens à lui-même, uniquement parce qu'il voyait que cette complaisance était agréable à sir Geoffrey.

Cette délicatesse fit que Peveril passa sur bien des petits griefs. Il oublia que le major Bridgenorth était déjà en possession d'un bon tiers de ses domaines, par voie d'acquisition, et qu'il avait sur le reste, par suite de différens prêts d'argent, des droits réels qui en absorbaient bien un second tiers. Il essaya même d'oublier, ce qui était encore plus difficile, la différence de leur situation respective et de l'état de leurs demeures.

Avant la guerre civile, les murs orgueilleux et les tours du château de Martindale, situé sur une colline assez élevée, paraissaient auprès de la maison bâtie en briques qui osait à peine se montrer à travers les bouquets de bois qui l'entouraient, comme un chêne de la forêt de Martindale aurait paru près d'un des bouleaux dont Bridgenorth avait orné l'avenue conduisant à Moultrassie-Hall. Mais, après le siège dont nous avons déjà parlé, ce dernier édifice avait été augmenté et embelli, et il était aussi supérieur aux ruines du vieux château noirci par le temps, et dont une seule aile était habitable, qu'un jeune bouleau dans toute la vigueur de la végétation l'aurait été à un vieux chêne dépouillé de ses feuilles, et dont le tronc, mutilé par le tonnerre, n'aurait plus que quelques rameaux à demi desséchés. Sir Geoffrey ne pouvait s'empêcher de sentir que la situation respective des deux voisins avait subi un changement aussi désavantageux pour lui que l'extérieur de leurs habitations, et que, quoique l'homme mis en place par le parlement, et membre du comité des séquestres, n'eût employé son crédit que pour protéger le Cavalier et le Malintentionné (1), il lui eût été tout aussi facile de le faire servir pour sa ruine; enfin qu'il était devenu un protégé, et le major un protecteur.

Il y avait deux considérations, indépendamment de la nécessité, et des avis constans de son épouse, qui mettaient Peveril du Pic en état de supporter cette dégradation. La première était que les opinions politiques du major Bridgenorth commençaient à se rapprocher, sur certains points, de celles de son noble voisin. Comme presbytérien, il n'était pas ennemi décidé de la monarchie, et il avait été fort mécontent de voir le roi mis tout à coup en jugement, condamné et exécuté. Comme propriétaire, il craignait le gouvernement militaire; et quoiqu'il ne désirât pas voir Charles remonter sur le trône par la force des armes, cependant il en était venu à conclure que si on pouvait, par une transaction avec lui, garantir au peuple les immunités et les privilèges pour lesquels le long parlement avait d'abord combattu, ce serait le moyen de terminer de la manière la plus sûre et la plus désirable toutes les révolutions de la Grande-Bretagne. Véritablement les idées du major sur ce point s'approchaient tellement de celles de sir Geoffrey, qui ne pouvait rester étranger à aucune des conspirations des royalistes, qu'il se laissa presque entraîner par son voisin à prendre part à la malheureuse insurrection de Penruddock et de Grover, dans l'ouest, quand le parti presbytérien se joignit à celui des Cavaliers. Et quoique sa prudence habituelle l'eût préservé des conséquences

---

(1) C'est la traduction la plus sûre du terme *malignant*, synonyme de royaliste dans le style républicain du temps. — Éd.

fatales de ce mouvement comme de beaucoup d'autres dangers, le major Bridgenorth, pendant les dernières années de la domination de Cromwell, et pendant l'interrègne qui les suivit, fut regardé comme un homme mal disposé pour la république, et partisan de Charles Stuart.

Mais outre ce rapprochement d'opinions politiques, un autre lien d'intimité unissait les deux familles. Heureux dans tout ce qui avait rapport à la fortune, le major ne le fut pas autant dans ce qui touchait son cœur de plus près. Le sort le frappa tour à tour de plusieurs coups bien cruels, et il devint à cet égard un objet de compassion pour son voisin, tout déchu que celui-ci était de son ancienne splendeur. Pendant l'intervalle qui s'écoula entre le commencement de la guerre civile et la restauration de Charles II, il perdit successivement six enfans : ils périrent tous de la même maladie, qu'on attribua à une faiblesse de constitution, précisément à l'époque où ces innocentes créatures deviennent plus intéressantes pour leurs parens.

Au commencement de 1658, il ne restait aucun enfant au major Bridgenorth; vers la fin de cette année, il lui naquit une fille, mais sa naissance coûta la vie à une épouse chérie dont les forces avaient été minées par le chagrin maternel et par la réflexion pénible et déchirante que ses enfans tenaient d'elle cette extrême délicatesse de tempérament qui rendait leur existence si précaire. La même voix, la voix douce et cordiale de lady Peveril, qui annonça au major qu'il était père d'une fille, lui apprit en même temps la fatale nouvelle qu'il n'était plus époux. Les émotions de Bridgenorth étaient fortes et profondes plutôt que vives et violentes, et son affliction prit la forme d'une sombre stupeur, dont il ne put être tiré ni par les remontrances amicales de sir Geoffrey, qui ne manqua pas de se rendre chez son voisin dans ce moment de douleurs, quoiqu'il dût y trouver le pasteur presbytérien, ni par les exhortations évangéliques de ce dernier personnage.

Enfin lady Peveril, touchée de sa douleur, eut recours, dans sa pitié, à une de ces tendres inspirations de son sexe qui changent souvent en larmes la sécheresse du désespoir. Plaçant dans les bras de Bridgenorth la fille dont la naissance venait de lui coûter si cher, elle le conjura de se rappeler que son Alice ne lui était pas entièrement ravie, puisqu'elle se survivait à elle-même dans l'enfant qu'elle avait légué à ses soins paternels.

— Éloignez-la ! éloignez-la de moi ! s'écria l'infortuné ; je ne veux pas la voir ; ce n'est qu'un nouveau bouton qui a fleuri pour se flétrir bientôt ; et l'arbre qui l'a porté ne fleurira plus.

Ces mots étaient les premiers qu'il eût prononcés ; il jeta presque l'enfant entre les bras de lady Peveril, se couvrit le visage des deux mains, et pleura à chaudes larmes. Lady Peveril ne lui dit pas, consolez-vous ; mais elle se hasarda à lui promettre que le bouton s'épanouirait et porterait des fruits.

— Jamais, jamais ! s'écria Bridgenorth ; éloignez de moi ce malheureux enfant, et faites-moi savoir seulement quand je devrai en prendre le deuil ! Le deuil ! répéta-t-il en s'interrompant ; ne le porterai-je pas pendant tout le reste de ma vie ?

— Je prendrai cet enfant pour un certain temps, dit lady Peveril, puisque sa vue vous est si pénible. La petite Alice recevra les mêmes soins que notre Julien jusqu'à ce que sa présence soit pour vous un sujet de plaisir, et non un renouvellement d'affliction.

— Ce moment n'arrivera jamais, répondit le malheureux père. Son destin est fixé; elle suivra les autres; mais que la volonté de Dieu s'accomplisse! je vous remercie, milady. Je la confie à vos soins, et je rends grace au ciel de ce qu'il daigne m'épargner la douleur d'être témoin de sa mort.

Sans arrêter plus long-temps l'attention du lecteur sur ce sujet pénible, il suffira de lui apprendre que lady Peveril se chargea de remplir les devoirs de mère envers la petite orpheline, et ce fut peut-être aux soins judicieux qu'elle en prit, que l'enfant dut la conservation d'une vie qui véritablement ne semblait tenir qu'à un fil, car l'étincelle qui brillait encore se serait probablement éteinte si, comme cela était arrivé à l'égard des autres enfans du major, on l'eût étouffée sous ces précautions excessives et ces attentions superflues inspirées par l'inquiétude à une mère qui avait déjà perdu tant de gages de la tendresse de son époux. Lady Peveril était d'autant plus en état de prendre les soins dont elle se chargeait, qu'elle avait elle-même perdu ses deux premiers enfans en bas âge, et qu'elle attribuait la bonne santé du troisième, beau garçon alors âgé de trois ans, à la méthode qu'elle avait adoptée pour l'élever, méthode différente de celle qui était généralement en usage à cette époque. Elle résolut de suivre le même régime à l'égard de la petite orpheline, et ce régime ne réussit pas moins bien; en prodiguant moins les médicamens, et l'exposant à l'air libre plus fréquemment, enfin par une attention ferme et prudente à seconder la nature, au lieu de la forcer, cet enfant débile, confié aux soins d'une excellente nourrice, acquit de jour en jour plus de force et de vivacité.

Sir Geoffrey, de même que la plupart des hommes doués comme lui d'un caractère franc et généreux, aimait naturellement les enfans; et il éprouvait tant de compassion pour les chagrins de son voisin, qu'il oublia complètement que le major était presbytérien, jusqu'au moment où il devint nécessaire de faire baptiser la petite fille par un ministre de cette secte.

Ce fut un moment critique. Le père était hors d'état de donner aucun avis; et voir le seuil de la porte du château de Martindale violé par les pas hérétiques d'un ministre non-conformiste, c'était un sujet d'horreur pour le propriétaire orthodoxe de cette demeure. Il avait vu le fameux Hugues Peters entrer en triomphe dans la cour de son château, la Bible d'une main, le pistolet de l'autre, lors de la reddition de Martindale, et cette heure d'amertume était comme un trait profondément enfoncé dans son cœur. Cependant telle était l'influence de lady Peveril sur les préjugés de son mari, qu'elle le décida à fermer les yeux. Cette cérémonie eut lieu dans une orangerie qui, étant située au bout du jardin, ne faisait pas, à proprement parler, partie du château. Elle voulut même y assister, et le baptême fut conféré à l'orpheline par le révérend M. Solsgrace, qui avait une fois prêché devant la chambre des communes un sermon de trois heures, lors des graces rendues pour la délivrance d'Exeter. Quant à sir Geoffrey, il eut soin d'être absent du château pendant toute la journée, et l'on ne put se douter qu'il était instruit de ce qui s'était passé dans l'orangerie, que par le soin tout particulier qu'il prit le lendemain de la faire laver, parfumer, et, en quelque sorte, purifier.

Mais, quelque prévenu que pût être le bon chevalier contre la croyance religieuse de son voisin, cela n'influait nullement sur la compassion que lui avaient inspirée ses chagrins. La manière dont il s'y prenait pour lui en donner des preuves était un peu singulière, mais elle convenait parfaitement au caractère de l'un et de l'autre, et à la nature de leur liaison.

Tous les matins il terminait sa promenade, soit à pied, soit à cheval, en passant à Moultrassie-Hall, et disait un mot de politesse à son voisin. Quelquefois il entrait dans le sombre salon où le propriétaire, plus sombre encore, se livrait solitairement à ses regrets; mais le plus souvent, car sir Geoffrey n'avait pas de grandes prétentions au talent de la conversation, il s'arrêtait sur la terrasse, s'approchait de la croisée, et s'écriait : — Comment vous trouvez-vous, M. Bridgenorth? Car jamais il ne lui accordait les honneurs du titre militaire de major. Je suis venu pour vous dire de prendre bon courage. Julien va bien; la petite Alice va bien; tout va bien au château.

Un profond soupir, quelquefois accompagné des mots : — Je vous remercie, sir Geoffrey; mes respects et mes remerciemens à lady Peveril: telle était en général la réponse de Bridgenorth. Il recevait pourtant cette nouvelle avec le même plaisir que le chevalier l'apportait; il lui devenait peu à peu moins pénible d'entendre parler de sa fille; et jamais la fenêtre n'était fermée, jamais le grand fauteuil couvert en cuir qui était à côté ne restait vide à l'approche de l'heure où le baronnet faisait sa courte visite journalière.

Enfin l'attente de cet instant absorba bientôt toutes les pensées de Bridgenorth. Bien des gens ont éprouvé l'influence de pareils plaisirs à quelques époques de leur vie. Le moment où un amant passe sous la fenêtre de sa maîtresse, celui où un épicurien entend la cloche qui annonce le dîner, sont ceux sur lesquels repose pour eux tout l'intérêt de la journée; les heures précédentes s'écoulent dans l'impatience; celles qui les suivent dans les réflexions sur ce qui s'est passé, et l'imagination, appuyant sur chaque circonstance passagère, donne à chaque seconde la durée d'une minute, à chaque minute celle d'une heure. C'était ainsi que Bridgenorth, assis sur son fauteuil solitaire, pouvait voir de loin sir Geoffrey s'avancer dans l'avenue d'un pas majestueux, ou faire trotter lestement son cheval de bataille Black Hastings, son compagnon dans plus d'une action. Il pouvait l'entendre fredonner l'air : *Le roi reprendra sa couronne*, ou siffler celui-ci : *Vous, pendards et Têtes-Rondes*, mais sa voix s'affaiblissait, il gardait le silence, à mesure qu'il approchait du séjour de l'affliction; et il prenait le ton de franchise du soldat et du chasseur pour saluer son ancien voisin.

Par degrés, l'entretien se prolongea un peu, à mesure que le chagrin du major, comme tous les chagrins des hommes, perdit de sa violence, et lui permit de faire attention, jusqu'à un certain point, à ce qui se passait autour de lui, de s'acquitter des différens devoirs qu'il avait à remplir, et de prendre quelque intérêt à la situation de son pays déchiré par des factions opposées, dont les querelles ne se terminèrent qu'à la restauration. Néanmoins, quoiqu'il se remît un peu du coup qu'il avait reçu, Bridgenorth se trouvait encore incapable de l'effort de voir sa fille; et quoiqu'il ne fût séparé que par une si courte distance de l'être à l'existence duquel il prenait plus d'intérêt qu'à tout ce que le monde entier pouvait lui offrir, il ne fit connaissance qu'avec les fenêtres de l'appartement dans lequel il savait qu'était la petite Alice, et il était souvent occupé à les regarder de sa terrasse, lorsqu'elles réfléchissaient les rayons du soleil couchant. Dans le fait, quoiqu'il fût doué d'une grande force d'esprit d'ailleurs, il lui était impossible d'écarter l'impression profonde qui semblait l'assurer que cet unique gage de sa tendresse conjugale serait bientôt porté dans cette tombe où avait déjà été englouti tout ce qui lui était cher, tout, excepté ce seul objet; et il attendait, avec tous les tourmens de l'inquiétude, l'instant où on lui annoncerait les premiers symptômes de l'inévitable maladie.

La voix de Peveril continuait pourtant à le consoler; mais, au mois d'avril 1660, elle prit tout à coup un ton nouveau, un ton tout différent. *Le roi reprendra sa couronne*, au lieu de cesser de se faire entendre quand Black Hastings entrait dans l'avenue, accompagna le bruit de ses pas jusque dans la cour, et sir Geoffrey, sautant à bas de son cheval, dont la selle était garnie de deux pistolets de deux pieds de longueur, entra précipitamment dans le salon, armé de pied en cap, le bâton de commandement à la main, les yeux étincelans, les joues enflammées, et il s'écria : — Debout, voisin, debout! ce n'est plus le temps de rester au coin du feu. Où sont votre justaucorps de buffle et votre grand sabre! Rangez-vous du bon côté une fois dans votre vie. Le roi est toute bonté, toute indulgence; je vous obtiendrai votre plein pardon.

— Que veut dire tout cela? demanda Bridgenorth. J'espère que vous vous portez bien, sir Geoffrey; que tout va bien au château?

— Aussi bien que vous pouvez le désirer; Alice, Julien, lady Peveril, tout le monde; mais j'ai des nouvelles qui valent vingt fois mieux. Monk s'est déclaré à Londres contre les coquins du Croupion (1). Fairfax a pris les armes dans le comté d'York : — Pour le roi, pour le roi, pour le roi! vous dis-je, Presbytériens et Épiscopaux, tout prend la bandoulière pour le roi Charles. J'ai reçu une lettre de Fairfax qui me charge d'occuper les comtés de Derby et de Chester avec tous les hommes que je pourrai lever. C'est bien le diable, que je reçoive des ordres de lui! mais n'importe. Nous sommes tous amis maintenant; et vous et moi, mon bon voisin, nous chargerons de front, comme de bons voisins doivent le faire. Voyez, lisez, lisez, lisez! et ensuite mettez vos bottes, et montez à cheval.

Aux armes, braves Cavaliers,
Que sous vos coups Belzébut tombe!
Chargez-vous de tant de lauriers
Qu'Olivier (2) tremble dans sa tombe.

Après avoir donné cours, d'une voix retentissante, à cet accès d'enthousiasme loyal, le digne chevalier se trouva le cœur trop plein; il se jeta sur une chaise, s'écriant :

— Aurais-je jamais espéré vivre assez pour voir cet

---

(1) *The rump-parliament,* sobriquet que les royalistes avaient donné au parlement, par mépris. — Éd.

(2) Olivier Cromwell. — Éd.

heureux jour? il se mit à pleurer, autant à sa propre surprise qu'à celle de Bridgenorth.

En réfléchissant sur la crise dans laquelle se trouvait le pays, le major Bridgenorth pensa, comme l'avaient fait Fairfax et d'autres chefs du parti presbytérien, que la mesure la plus sage et la plus patriotique qu'il pût adopter était d'embrasser franchement la cause du roi, dans un moment où toutes les classes de citoyens cherchaient une protection et un abri contre les actes multipliés d'oppression auxquels donnaient lieu les altercations sans cesse renaissantes entre les factions de Westminster-Hall et de Wallingford-House. Il se joignit donc à sir Geoffrey, avec moins d'enthousiasme à la vérité, mais avec autant de sincérité, et ils prirent de concert toutes les mesures qui leur parurent nécessaires pour rétablir l'autorité royale dans ces deux comtés, ce qui s'effectua aussi facilement que dans le reste de l'Angleterre. Ils étaient tous deux à Chesterfield quand on apprit que Charles II venait de débarquer dans son royaume, et sir Geoffrey annonça aussitôt son intention d'aller rendre ses devoirs à Sa Majesté, avant de retourner au château de Martindale (1).

— Qui sait, voisin, dit-il au major, si sir Geoffrey Peveril reverra jamais Martindale? Il doit y avoir là-bas des promotions, et j'ai mérité quelque chose aussi bien que les autres. Lord Peveril sonnerait assez bien. Un moment : ou bien comte de Martindale. Non, non, point de Martindale; — comte du Pic. Quant à ce qui vous concerne, fiez-vous à moi. J'aurai l'œil ouvert sur

(1) C'est ainsi qu'est marquée la transition du roman de *Woodstock* à celui de *Peveril du Pic*. — Éd.

vos intérêts. C'est bien dommage que vous soyez presbytérien, voisin; mais qu'importe? Pourquoi ne vous ferait-on pas chevalier? j'entends chevalier bachelier, non pas baronnet (1); cela vous irait assez bien.

— Je laisse ces honneurs à ceux qui sont au-dessus de moi, sir Geoffrey, répondit le major; je ne désire rien que d'apprendre à mon retour que tout va bien au château.

— Tout y va bien, répliqua le baronnet; je vous en réponds, tout y va bien; Julien, Alice, lady Peveril et tout le reste. Faites-leur mes complimens, voisin, et embrassez-les pour moi, lady Peveril comme les autres. Peut-être, à mon retour, embrasserez-vous une comtesse. Tout ira bien pour vous maintenant que vous êtes devenu *honnête homme*.

— J'ai toujours eu le désir de l'être, sir Geoffrey, répondit Bridgenorth avec sang-froid.

— Fort bien, fort bien, dit le chevalier; je n'ai pas eu dessein de vous offenser; je vous dis seulement que tout va bien à présent. Ainsi, partez pour Moultrassie-Hall, et moi je pars pour Whitehall. N'est-ce pas bien parler? Allons, avant de monter à cheval, un verre de vin des Canaries à la santé du roi. Mais j'oubliais, voisin, que les presbytériens ne portent pas de santés.

— Je souhaite une bonne santé au roi, aussi sincèrement que si je buvais à son intention un gallon tout entier, répondit le major, et je vous souhaite à vous, sir Geoffrey, tout le succès possible dans votre voyage, et un prompt retour.

(1) Il y a un degré du chevalier *knight* au chevalier *baronnet*. Le titre de baronnet est transmissible aux enfans. — Éd.

CHAPITRE II.

> « Nous mettrons donc enfin force tonneaux en perce.
> » Le sang, comme autrefois, coulera par ruisseaux;
> » Mais ce sera celui des bœufs et des agneaux,
> » Et nous n'oublierons pas la liqueur généreuse. »
>
> Ancienne comédie.

Quelque récompense que Charles eût daigné accorder à Peveril du Pic, en reconnaissance de sa loyauté, et pour l'indemniser de ses pertes et de ses souffrances, il n'en avait point à sa disposition qui pût servir d'équivalent au plaisir que la Providence réservait à Bridgenorth à son retour dans son domicile. Les travaux militaires auxquels il venait d'être appelé avaient rendu à son ame une partie de sa force et de son énergie, et il sentit qu'il serait indigne de lui de retomber dans l'état de léthargie mélancolique dont il venait de sortir. Le temps avait aussi produit son effet ordinaire en adoucissant ses regrets; et quand il eut passé un jour à Moultrassie-Hall, contrarié que l'absence de sir Geoffrey le privât de recevoir indirectement les nouvelles de sa fille que son voisin avait coutume de lui apporter presque tous les jours, il pensa qu'il était convenable, sous tous les rapports, qu'il se rendît lui-même au château de Martindale pour donner à lady Peveril des nouvelles de son mari, l'assurer qu'il l'avait laissé en bonne santé, et se tirer lui-même d'inquiétude relativement à sa fille. Il s'arma donc de résolution pour soutenir courageusement le dernier malheur qu'il avait à craindre. Il se rappelait les joues creuses, les yeux éteints, les lèvres pâles et les petites mains maigres de ses autres enfans peu de temps avant que la mort l'en privât.

— Je vais voir, pensa-t-il, ces signes de mort prochaine que j'ai déjà vus. Je verrai encore une fille chérie à qui j'ai donné le jour, rendue à la terre qui aurait dû me couvrir avant elle. N'importe; il est indigne d'un homme de ne pas savoir souffrir ce qui est inévitable. Que la volonté de Dieu s'accomplisse!

Il se rendit donc le lendemain matin au château de Martindale, donna à lady Peveril des nouvelles satisfaisantes de la santé de son mari, et lui parla des nouveaux honneurs dont le chevalier avait conçu l'espérance.

— Je remercie Dieu de la première des nouvelles que vous m'annoncez, dit lady Peveril; quant à la seconde, il en sera ce qu'il plaira à notre gracieux souverain. Nous avons assez d'honneurs pour notre fortune, et assez de fortune pour être heureux, sinon pour briller. Les efforts réitérés de sir Geoffrey en faveur des Stuarts ont si souvent attiré sur lui de nouveaux malheurs, que la dernière fois que je l'ai vu se revêtir de sa fatale armure, et que j'ai entendu le son prolongé de la trompette, il m'a semblé que je voyais son linceul, et que j'entendais la cloche de ses funérailles. Si je vous parle ainsi, mon bon voisin, c'est parce que je crains que votre esprit, aussi bien que le mien, ne se soit livré à de fâcheux pressentimens, qu'il peut plaire au ciel de démentir comme il a démenti ceux de mon cœur, et voici ce qui va vous en donner l'assurance.

La porte de l'appartement s'ouvrit pendant qu'elle parlait encore, et les deux enfans y entrèrent. L'aîné, Julien Peveril, beau garçon de quatre à cinq ans, tenait par la main avec un air de dignité autant que d'affection une aimable petite fille de dix-huit mois dont les pas encore un peu chancelans étaient guidés et soutenus par le petit marmot plus robuste.

Bridgenorth jeta à la hâte un regard craintif sur sa fille, et ce premier coup d'œil suffit pour lui faire voir, avec un ravissement inexprimable, que ses craintes étaient sans fondement. Il la prit dans ses bras, la serra contre son cœur, et l'enfant, quoique effrayée d'abord de la violence de ses caresses, y répondit bientôt par un sourire, comme si elle eût entendu la voix de la nature. Il la plaça ensuite à quelque distance de lui, l'examina plus attentivement, et se convainquit que le petit ange qu'il avait sous les yeux n'offrait aucun symptôme de la maladie qui lui avait enlevé ses autres enfans, que ses joues brillaient des couleurs de la santé, et que si elle était délicate elle avait une fraîcheur qui n'annonçait rien de maladif.

— Je ne croyais pas ce miracle possible, dit Bridgenorth en tournant les yeux vers lady Peveril, témoin de cette scène, et je dois rendre de grandes actions de graces à Dieu d'abord, et ensuite à vous, milady, qui lui avez servi d'instrument.

— Je présume que Julien va perdre sa petite compagne, dit lady Peveril ravie; mais Moultrassie-Hall n'est pas bien loin d'ici, et j'espère que je verrai souvent ma chère Alice. Dame Marthe, votre femme de charge a du bon sens, elle est fort attentive, je lui expliquerai la manière dont j'ai conduit l'enfant, et j'espère...

— A Dieu ne plaise que ma fille vienne jamais à Moultrassie-Hall! s'écria le major avec vivacité. Cette maison a été le tombeau de tous mes autres enfans. Les terrains bas ne leur conviennent point, ou peut-être un sort y est-il attaché. Je vais m'occuper de la placer ailleurs.

— Avec votre permission, major, vous n'en ferez rien, répliqua lady Peveril. Si vous le faisiez, ce serait me dire que vous ne me croyez pas en état de terminer ce que j'ai commencé. Si Alice ne doit pas habiter la maison de son père, elle ne quittera pas la mienne. Je la garderai pour veiller à sa santé, et donner une preuve de ma science; et puisque vous craignez l'humidité des terrains bas, je me flatte que vous viendrez souvent la voir.

Cette proposition alla droit au cœur du major Bridgenorth. Il aurait donné le monde entier pour obtenir cette faveur, mais il n'osait l'espérer.

On ne sait que trop que les personnes dont les familles sont attaquées par une maladie aussi fatale que celle qui avait coûté la vie aux enfans du major, deviennent on pourrait dire superstitieuses sur cet article, et attribuent aux lieux, aux circonstances, aux soins individuels, beaucoup plus de pouvoir pour en détourner les fâcheux effets qu'on ne devrait le supposer. Lady Peveril n'ignorait pas que l'esprit de son voisin était particulièrement frappé de cette impression ; que l'abattement, l'affliction, la crainte, et la solitude dans laquelle il vivait, étaient réellement calculés pour produire le mal qu'il craignait par-dessus toutes choses. Sa sensibilité ouvrait son cœur à la compassion que devait faire naître la situation d'un homme qui lui avait rendu autrefois des services non oubliés. D'ailleurs l'enfant même lui avait inspiré un tendre intérêt. Quelle est la femme qui n'en prend à la faible créature qui reçut d'elle les premiers soins? Enfin la bonne dame avait sa part de vanité humaine; et étant une sorte de lady *Bountiful* (1) à sa manière, car ce rôle n'était pas encore réservé à ce qu'on appelle aujourd'hui de vieilles folles, elle était fière de la science avec laquelle elle avait détourné les attaques d'une maladie héréditaire si invétérée dans la famille de Bridgenorth. En d'autres temps, il ne faudrait peut-être pas chercher tant de motifs pour un acte de bienveillance envers un voisin; mais la guerre civile, en déchirant le pays, avait tellement rompu les nœuds de voisinage et d'amitié, qu'il était extraordinaire de les voir subsister entre des personnes dont les opinions politiques n'étaient pas les mêmes.

Le major lui-même le sentait parfaitement, et une larme de joie qui brilla dans ses yeux montrait avec

---

(1) *Dame bienfaisante* : la généreuse châtelaine d'un roman anglais, imité par Laplace sous le titre de *l'Orpheline*. Lady Bountiful soigne les pauvres et donne gratis aux riches les remèdes de la pharmacie de famille. — Éd.

quel plaisir il acceptait l'offre de lady Peveril; cependant il ne put s'empêcher de lui représenter les inconvéniens évidens qui pouvaient en résulter.

— Milady, lui dit-il, votre bonté me rend le plus heureux et le plus reconnaissant des hommes; mais votre projet peut-il convenablement se réaliser? Sir Geoffrey a sur divers points des opinions qui ont différé, et qui probablement diffèrent encore des miennes. Il est de haute naissance, et j'appartiens à la *moyenne classe;* il suit le catéchisme des prélats de l'église anglicane, et je n'en connais d'autre que celui des serviteurs de Dieu assemblés à Westminster...

Lady Peveril l'interrompit. — J'espère, dit-elle, que vous ne trouverez ni dans l'un ni dans l'autre de ces catéchismes que je ne dois pas servir de mère à une fille qui a perdu la sienne. Je me flatte, M. Bridgenorth, que l'heureuse restauration de Sa Majesté, ouvrage de la Providence, peut guérir et fermer toutes les blessures qu'ont faites à notre pays les dissensions civiles et religieuses, et qu'au lieu de persécuter ceux qui pensent autrement que nous, afin de prouver que notre croyance respective est plus pure, nous nous montrerons à l'envi de véritables chrétiens, en pratiquant des œuvres de charité pour notre prochain, ce qui est le meilleur témoignage que nous puissions donner de notre amour pour Dieu.

— Vous parlez comme votre bon cœur vous inspire, milady, répondit Bridgenorth, qui n'avait guère l'esprit moins étroit que la plupart des gens de sa secte; et je suis sûr que si tous ceux qui se nomment des Cavaliers, des sujets loyaux, pensaient comme vous, et comme mon ami sir Geoffrey, ajouta-t-il après une pause d'un instant, cette portion de phrase étant plutôt un compliment que l'expression véritable de ce qu'il pensait, nous qui regardions autrefois comme un devoir de prendre les armes pour la liberté de conscience, nous pourrions jouir maintenant de la paix et du bonheur. Mais qui sait ce qui peut arriver? Vous avez parmi vous des têtes ardentes, des esprits exaspérés; je ne dirai pas que nous ayons toujours usé de notre pouvoir avec modération, et la vengeance est douce aux enfans déchus d'Adam.

— Allons, M. Bridgenorth, dit lady Peveril avec gaieté, ces fâcheux pressentimens ne peuvent qu'amener des conséquences qui, sans eux, n'arriveraient probablement jamais. Vous savez ce que dit Shakspeare :

> Devant le sanglier si vous prenez la fuite
> Sans qu'il se soit déjà mis à votre poursuite,
> C'est l'exciter vous-même à s'élancer sur vous.

Mais je vous demande pardon; il y a si long-temps que nous ne nous sommes vus, que j'oublie que vous n'aimez pas les pièces de théâtre.

— Avec tout le respect que je vous dois, milady, répondit Bridgenorth, je vous dirai que je me croirais très-blâmable si j'avais besoin des vaines rimes d'un histrion vagabond du comté de Warwick pour me rappeler le devoir que m'impose la reconnaissance, et me faire souvenir que je dois me laisser diriger par vous en tout ce qui ne touche pas ma conscience.

— Puisque vous me permettez d'exercer sur vous une telle influence, dit lady Peveril, je le ferai avec modération, afin de vous donner du moins, en agissant ainsi, une idée favorable du nouvel ordre de choses. Je vais, par ordre de mon mari, inviter tout le voisinage à une fête solennelle au château pour jeudi prochain; et je vous prie non-seulement d'y assister vous-même, mais d'inviter aussi votre digne pasteur et tous vos amis à s'y trouver également, pour prendre part à la joie que nous inspire la restauration du roi, et prouver par-là qu'il n'a plus que des sujets unis.

Cette proposition embarrassa beaucoup le major. Il leva les yeux sur le plafond boisé en chêne, les baissa vers le plancher, promena ensuite ses regards tout autour de l'appartement, et les arrêta enfin sur sa fille, dont la vue lui suggéra de meilleures réflexions que le plancher et les boiseries n'avaient pu lui en fournir.

— Milady, répondit-il, je suis depuis long-temps étranger aux fêtes, peut-être par suite d'un caractère naturellement mélancolique, peut-être à cause d'un accablement bien pardonnable à un homme qui a essuyé tant de malheurs. Le son bruyant de la gaieté produit sur mes oreilles l'effet d'un air agréable joué sur un instrument qui n'est pas d'accord. Mais, quelque peu disposé que je sois à la joie, autant par système qu'à cause de ma faible santé, je dois de la reconnaissance au ciel pour les faveurs dont il m'a comblé par l'entremise de Votre Seigneurie. David, l'homme suivant le cœur de Dieu, mangea du pain quand son enfant chéri lui fut enlevé. Le mien m'a été rendu; puis-je ne pas montrer ma gratitude pour un bienfait, quand David fit preuve de résignation dans l'affliction? J'accepterai donc votre gracieuse invitation, milady, et ceux de mes amis sur qui je puis avoir de l'influence m'accompagneront comme vous le désirez, afin qu'Israël ne forme plus qu'un seul peuple.

Ayant prononcé ces mots de l'air d'un martyr plutôt que d'un convive invité à une fête joyeuse, et après avoir embrassé sa petite fille, et lui avoir donné une bénédiction solennelle, le major Bridgenorth retourna à Moultrassie-Hall.

CHAPITRE III.

> « Les bouches, l'appétit ne nous manqueront pas.
> » Puissions-nous voir aussi, dans cet heureux repas,
> » Deux choses de grand prix, la gaité, l'abondance! »
>
> *Ancienne comédie.*

Même dans les occasions ordinaires, et avec d'amples moyens pour y pourvoir, une grande fête, à l'époque dont nous parlons, n'était pas une *sinécure* comme dans le temps où nous vivons; aujourd'hui la dame qui y préside n'a qu'à indiquer à ses domestiques le jour et l'heure qu'elle a fixés; il fallait alors que la maîtresse de la maison se chargeât de l'ordonnance générale, et entrât dans tous les détails; du haut d'une petite galerie communiquant à son appartement, et ayant vue sur la cuisine, on entendait sa voix, semblable à celle de l'esprit qui avertit les marins pendant une tempête, s'élever au-dessus du bruit des casseroles, des broches, des couperets, et couvrir les cris des cuisiniers, ainsi que tout le tumulte qui forme l'accompagnement ordinaire des préparatifs d'un grand festin.

Mais tous ces soins, tous ces embarras furent presque triples à l'approche de la fête qui devait avoir lieu au château de Martindale, où le génie qui y présidait avait à peine les moyens nécessaires pour exécuter son projet hospitalier. La conduite tyrannique des maris en pareil cas est universelle, et je ne sais si, dans toutes mes connaissances, j'en pourrais citer un qui n'ait pas annoncé tout à coup à son innocente moitié, dans le moment le plus défavorable, qu'il a invité

Quelque odieux major à venir à six heures,

au risque de déconcerter grandement la dame, et peut-être de jeter du discrédit sur ses arrangemens domestiques.

Peveril du Pic était encore plus inconsidéré, car il avait chargé son épouse d'inviter tout le voisinage à venir faire bonne chère au château de Martindale, en honneur de la bienheureuse restauration de Sa très-sacrée Majesté, sans lui donner aucunes instructions positives sur la manière dont elle se procurerait des provisions. Les daims étaient fort rares dans le parc depuis le siège du château; le pigeonnier n'offrait pas de grandes ressources pour un tel festin; le vivier à la vérité était bien garni de poissons, ce que les presbytériens voisins regardaient comme une circonstance suspecte, et le gibier ne coûtait que la peine de le poursuivre et de le tuer sur les montagnes et parmi les vastes bruyères du comté de Derby; mais ces deux articles ne pouvaient être que les accessoires du banquet, et l'intendant et le bailli, seuls coadjuteurs et conseillers de lady Peveril, ne pouvaient s'accorder sur les moyens de se procurer la partie la plus substantielle du repas, la viande de boucherie. L'intendant menaçait de sacrifier un attelage de jeunes bœufs que le bailli protégeait de tout son pouvoir en faisant valoir la nécessité de leurs services pour l'agriculture; et le naturel soumis et affectueux de lady Peveril ne l'empêchait pas de faire tout bas avec impatience quelques réflexions sur le manque de prévoyance de son mari absent, qui l'avait placée inconsidérément dans une situation si embarrassante.

Ces réflexions étaient tout au plus justes, si un homme n'est responsable des résolutions qu'il adopte que lorsqu'il est parfaitement maître de lui-même. La loyauté de sir Geoffrey, comme celle de beaucoup d'autres personnes dans sa position, à force d'espérances et de craintes, de victoires et de défaites, de luttes et de souffrances, toujours partant de la même cause, et roulant en quelque sorte sur le même pivot, avait pris le caractère d'un enthousiasme ardent et passionné; aussi le changement de fortune aussi singulier que surprenant qui avait non-seulement satisfait, mais surpassé ses désirs les plus vifs, lui occasiona pendant quelque temps une espèce d'extase qui, à la vérité, semblait s'étendre sur tout le royaume. Sir Geoffrey avait vu Charles et ses frères; il avait été reçu par ce joyeux monarque avec cette urbanité franche et gracieuse qui lui gagnait le cœur de tous ceux qui l'approchaient; on avait reconnu pleinement les services qu'il avait rendus; on lui avait donné à entendre qu'ils ne resteraient pas sans récompense, si on ne lui en avait pas promis une bien expressément. Était-il possible que le bœuf et le mouton qu'il fallait à sa femme pour fêter tous ses voisins occupassent les pensées de Peveril du Pic dans un pareil moment?

Heureusement pour la dame dans l'embarras, il existait quelqu'un qui avait eu assez de présence d'esprit pour prévoir cette difficulté. A l'instant même où elle venait de se décider, quoique à regret, à emprunter au major Bridgenorth la somme nécessaire pour exécuter les ordres de son mari, et qu'elle déplorait assez amèrement la nécessité de se départir, en cette occasion, de ses principes habituels d'économie, son intendant, qui, soit dit en passant, ne s'était pas encore complètement dégrisé une fois depuis le jour où il avait appris la nouvelle du débarquement du roi à Douvres, entra précipitamment dans son appartement en faisant craquer ses doigts, et avec un transport de joie qui ne s'accordait pas tout-à-fait avec la dignité du salon de sa maitresse.

— Que veut dire cela, Whitaker? dit lady Peveril avec un peu d'impatience, car elle se trouvait interrompue au milieu d'une lettre qu'elle écrivait à son voisin relativement à l'affaire désagréable de l'emprunt qu'elle voulait lui demander ; serez-vous donc toujours le même? faites-vous un rêve en ce moment?

— Et un rêve de bon augure, je m'en flatte, milady, répondit l'intendant avec un geste de triomphe, un rêve bien meilleur que celui de Pharaon, quoique, comme le sien, il m'ait fait voir des bœufs gras.

—Expliquez-vous plus clairement, dit lady Peveril, ou envoyez-moi quelqu'un qui soit en état de parler raison.

— Sur ma vie, milady, répliqua l'intendant, ce que j'ai à vous dire parle de soi-même. Ne les entendez-vous pas mugir? Ne les entendez-vous pas bêler? La plus belle paire de bœufs gras! les dix plus beaux moutons! le château est avitaillé maintenant, nous pouvons attendre de pied ferme ceux qui doivent venir l'assiéger, et Gatherill ne sera pas privé de son attelage pour le labour de ses maudits guérets.

La dame, sans faire d'autres questions à son intendant transporté de joie, se leva, et s'approcha d'une fenêtre par où elle vit effectivement les bestiaux qui avaient donné lieu au ravissement de Whitaker.

— D'où viennent-ils? lui demanda-t-elle avec quelque surprise.

— Réponde à cela qui le pourra, milady, répliqua l'intendant. Le drôle qui les a conduits ici était un paysan qui a dit qu'ils étaient envoyés par un ami pour aider Votre Seigneurie à faire les honneurs de la fête. Il n'a pas voulu s'arrêter un instant pour boire un coup. Je suis fâché qu'il ne l'ait pas voulu : je prie Votre Seigneurie de me pardonner. J'aurais dû le retenir par les oreilles et le forcer à boire, mais en vérité ce n'est pas ma faute.

— J'en ferais serment au besoin, Whitaker.

— Vous auriez bien raison, milady, et je vous assure, par le saint nom de Dieu, que, pour l'honneur du château, j'ai bu à sa santé un pot de double ale, quoique j'eusse déjà pris mon coup du matin. C'est la vérité pure, milady; oui, de par Dieu! c'est la vérité.

— Je crois que vous n'avez pas eu besoin de faire pour cela un grand effort sur vous-même, Whitaker; mais si, en de pareilles occasions, vous montriez votre joie en buvant et en jurant un peu moins, cela ne vaudrait-il pas autant? qu'en pensez-vous?

— Je vous demande pardon, milady, répondit Whitaker avec un air respectueux; j'espère que je sais me mettre à ma place. Je ne suis que le pauvre serviteur de Votre Seigneurie, et je sais qu'il ne me convient pas de boire et de jurer comme Votre Seigneurie.... je veux dire comme Son Honneur sir Geoffrey. Mais, je vous le demande, si l'on ne me voyait pas boire et jurer suivant ma condition, comment reconnaîtrait-on l'intendant de Peveril du Pic? et je pourrais dire aussi le sommelier, puisque j'ai tenu les clefs de la cave depuis le jour où le vieux Spiggots a été tué d'un coup d'arquebuse sur la tour nord-ouest, tenant une cruche à la main. Je vous le demande encore, milady, comment distinguerait-on un ancien Cavalier comme moi, de ces coquins de Têtes-Rondes, qui ne savent que jeûner et prier, si je ne buvais et jurais suivant mon état?

Lady Peveril garda le silence, car elle savait fort bien que ses remontrances seraient inutiles. Un moment après, elle donna ordre à son intendant de faire inviter au banquet les personnes dont elle avait écrit les noms sur un papier qu'elle lui remit.

Whitaker, au lieu de recevoir cette liste avec la déférence muette d'un majordome moderne, s'approcha de l'embrasure d'une croisée, mit ses lunettes, et commença à lire. Les premiers noms qu'il y vit étant ceux de familles distinguées de Cavaliers des environs, il prononça à voix basse quelques mots d'approbation. Il s'arrêta et grommela quelque chose à celui de Bridgenorth; cependant il ajouta presque aussitôt : — Mais, après tout, c'est un bon voisin; ainsi il peut passer pour une fois. Mais quand il eut lu le nom et prénom de Nehemiah Solsgrace, le pasteur presbytérien, la patience lui manqua tout-à-fait, et il s'écria qu'il aimerait autant se jeter dans la rivière que d'envoyer une invitation à un vieux hibou puritain qui avait usurpé la chaire d'un ministre orthodoxe, et de le voir passer par les portes du château de Martindale. — Ces damnés d'hypocrites, ajouta-t-il en jurant de tout cœur, ont eu assez long-temps le soleil pour eux : notre tour est arrivé, et nous leur solderons nos anciens comptes, aussi vrai que je me nomme Richard Whitaker.

— Vous vous fiez sur vos longs services et sur l'absence de votre maître, Whitaker, dit lady Peveril, sans quoi vous n'oseriez parler ainsi devant moi.

L'agitation inaccoutumée de la voix de lady Peveril fit impression sur l'intendant réfractaire, malgré le peu de netteté qui régnait dans ses idées ; il ne vit pas plus tôt l'œil brillant et les joues enflammées de sa maîtresse, que son obstination fut subjuguée tout d'un coup.

— Que la peste m'étouffe ! s'écria-t-il, je crois que j'ai fâché milady tout de bon, et c'est ce qui ne m'est nullement agréable à moi. Pardon, milady, pardon. Ce n'est pas au pauvre Whitaker qu'il appartient de discuter vos honorables ordres, et je ne m'en serais pas avisé sans ce pot d'ale. Nous y avons toujours mis double dose de drêche, comme Votre Seigneurie ne l'ignore pas, depuis la bienheureuse restauration. Bien certainement je déteste un fanatique comme le pied fourchu de Satan, mais Votre Honorable Seigneurie a droit d'inviter au château de Martindale Satan lui-même, ses pieds fourchus, sa queue et ses cornes, et de m'envoyer à la porte de l'enfer avec un billet d'invitation. Votre volonté sera exécutée.

Les invitations furent donc envoyées en bonne et due forme, et l'on donna ordre qu'un des deux bœufs fût rôti tout entier sur la place du marché d'un petit village nommé Martindale-Moultrassie, situé à l'est et à égale distance du château et de la maison dont il tirait son nom, de manière qu'en supposant qu'une ligne tirée du château de Martindale à Moultrassie-Hall fût la base d'un triangle, le village aurait occupé l'angle saillant. Comme ce village, depuis l'acquisition faite par le vieux presbytérien d'une partie des propriétés de sir Geoffrey Peveril, leur appartenait à peu près par égales portions, lady Peveril ne crut pas devoir contester le droit que le major prétendit avoir de fournir quelques tonneaux de bière pour contribuer à la fête.

Cependant elle ne pouvait s'empêcher de soupçonner Bridgenorth d'être l'ami inconnu qui l'avait tirée de l'embarras du manque de provisions, et elle se regarda comme heureuse lorsqu'une visite qu'elle reçut de lui la veille du jour destiné à la fête lui fournit l'occasion de lui faire les remerciemens qu'elle croyait lui devoir.

CHAPITRE IV.

« Non, je ne prétends pas porter cette santé;
» Mais mon dessein n'est pas de refuser de boire.
» Il vous faut, dites-vous, des preuves pour me croire?
» Soit! Versez, versez donc, je ne dis point holà!
» Bord à bord, s'il vous plaît. Je suis de ces gens là
» Qui pensent qu'à bon vin il ne faut pas d'enseigne. »

Ancienne comédie.

Il y avait de la gravité dans la manière dont le major Bridgenorth répondit aux remerciemens que lui adressa lady Peveril pour les bestiaux arrivés si à propos au château. Il sembla d'abord ne pas comprendre à quoi ils faisaient allusion, et quand elle se fut expliquée plus clairement, il déclara si solennellement qu'il n'avait eu aucune part à cet envoi, qu'elle fut forcée de le croire, d'autant plus qu'étant d'un caractère franc et sincère, n'affectant jamais une délicatesse excessive, et aimant la vérité comme un quaker, il aurait été en lui contre nature de nier un fait véritable.

— Il est pourtant vrai, milady, dit le major, que ma visite a quelque rapport à la fête qui doit avoir lieu demain.

Lady Peveril l'écoutait avec attention; mais, comme il semblait embarrassé pour trouver des expressions qui lui parussent convenables, elle fut obligée de lui demander une explication.

— Milady, répondit le major, vous n'ignorez peut-être pas tout-à-fait que ceux d'entre nous dont la conscience s'alarme le plus aisément se font un scrupule de se conformer à certains usages si généralement adoptés parmi vous dans toutes vos fêtes, qu'on pourrait dire que vous les regardez comme des articles de foi, ou du moins que leur omission vous cause du mécontentement.

— J'espère, M. Bridgenorth, répliqua lady Peveril, qui ne comprenait pas bien où il voulait en venir, que nous qui vous recevons nous saurons nous abstenir avec soin de toutes allusions et de tous reproches fondés sur notre mésintelligence passée.

— Nous n'en attendons pas moins, milady, de votre candeur et de votre courtoisie; mais je m'aperçois que vous ne me comprenez pas. Je vous dirai donc, pour m'expliquer, que je fais allusion à votre coutume de boire à la santé les uns des autres et de porter des santés, ce que nous regardons comme une provocation superflue et coupable à la débauche et à un usage immodéré de liqueurs spiritueuses. Nous pensons d'ailleurs que si cette coutume tire son origine, comme quelques savans théologiens l'ont supposé, de celle qu'avaient les païens de faire des libations à leurs idoles, on peut dire qu'elle est un reste du paganisme, et qu'elle est alliée au culte du démon.

Lady Peveril avait déjà cherché en elle-même à la hâte quels étaient les sujets qui pouvaient introduire la discorde dans la fête qui allait avoir lieu; mais elle avait entièrement oublié la différence aussi ridicule que fatale qui régnait à cet égard dans les mœurs des deux partis. Elle crut devoir chercher à inspirer un peu de complaisance au major, dont le front sourcilleux annonçait un homme inébranlable dans son opinion.

— Je conviens, mon bon voisin, lui dit-elle, que cette coutume est au moins puérile, et qu'elle peut devenir préjudiciable si elle conduit à boire avec excès; mais je crois que, lorsqu'elle n'a pas de telles suites, c'est une chose indifférente en elle-même. D'ailleurs elle fournit l'occasion d'exprimer avec unanimité nos souhaits pour nos amis et nos vœux pour notre souverain; et, sans vouloir forcer l'opinion de ceux qui en ont une contraire, je ne vois pas comment je pourrais refuser à mes amis, à mes hôtes, le privilège de porter la santé du roi, ou celle de mon mari, d'après l'ancien usage de l'Angleterre.

— S'il suffisait, milady, qu'une coutume fût ancienne pour qu'elle fût recommandable, il n'en est aucune, à ma connaissance, dont l'antiquité remonte plus haut en Angleterre que le papisme. La Providence a permis que nous ne fussions pas plongés dans les mêmes ténèbres que nos pères, et par conséquent nous devons agir conformément à la lumière qui est en nous, et non en hommes errant, comme eux, dans les ténèbres. J'avais l'honneur d'être à la suite de lord Whitelocke quand, à la table du grand-chambellan du royaume de Suède, il refusa positivement de boire à la santé de la reine Christine, au risque d'offenser tous les convives et de nuire au succès de la négociation dont il était chargé. Croyez-vous qu'un homme aussi sage aurait agi de la sorte s'il avait cru qu'un tel acte était une chose indifférente en soi? s'il ne l'avait pas regardé comme un crime honteux et digne de l'enfer?

— Avec tout le respect possible pour Whitelocke, mon voisin, je n'en tiens pas moins à mon opinion, quoique, Dieu le sait, je ne sois nullement disposée à justifier les excès que l'on commet quelquefois à table; je voudrais pouvoir céder à vos scrupules. Je tâcherai de limiter le nombre des santés, mais à coup sûr celles du Roi et de Peveril du Pic peuvent être permises.

— Je n'oserais, milady, brûler la quatre-vingt-dix-neuvième partie d'un grain d'encens sur un autel élevé à Satan.

— Comment, monsieur! osez-vous mettre Satan en comparaison avec notre maître le roi Charles, et mon noble époux?

— Pardon, milady, je n'ai pas une telle pensée; il me conviendrait peu de l'avoir. Je désire de tout mon cœur une parfaite santé au roi Charles et à sir Geoffrey, et je prierai pour l'un et pour l'autre; mais je ne vois pas quel bien je ferais à leur santé si je risquais de nuire à la mienne en buvant plus que je n'en aurais besoin.

— Puisque nous ne pouvons être d'accord sur cet objet, major, il faut chercher quelque autre moyen pour n'offenser aucun des deux partis. Ne pourrez-vous fermer les yeux sur nos amis pendant qu'ils porteront leurs santés? ils n'auront pas l'air de s'apercevoir que vous n'y prenez aucune part.

Cette proposition ne put être agréée de Bridgenorth, qui dit, comme il le pensait, que ce serait allumer un cierge à Belzébut. Dans le fait, son caractère, naturellement opiniâtre, l'était devenu, en ce moment, encore davantage, par suite d'une conférence préalable avec son prédicateur, qui, quoique brave homme au fond, n'aurait pas renoncé pour l'empire de l'univers au plus ridicule des préjugés et au dogme le plus insignifiant adopté par sa secte. Pensant avec beaucoup d'inquiétude à l'augmentation de pouvoir que la dernière révolution paraissait devoir procurer au papisme, à la prélature et à Peveril du Pic, il prit naturellement le plus grand soin de mettre son troupeau sur ses gardes, pour l'empêcher d'être dévoré par le loup. Il était fort mécontent de ce que le major Bridgenorth, qui était incontestablement le chef du parti presbytérien dans ces environs, avait chargé une femme cananéenne, comme il nommait lady Peveril, du soin d'élever sa fille unique; et il lui dit, en propres termes, qu'il n'aimait pas ce projet d'aller se réjouir sur les hauts lieux avec des gens incirconcis de cœur; et qu'il ne regardait le festin qui devait avoir lieu que comme une orgie dans la maison de Tirzah.

Cette mercuriale de son pasteur fit penser à Bridgenorth qu'il pouvait bien avoir eu tort en acceptant si promptement, dans la chaleur de sa reconnaissance, une invitation qui devait le conduire à des relations plus intimes avec les habitans du château de Martindale; mais il était trop fier pour en faire l'aveu à Solsgrace, et ce ne fut qu'après une discussion prolongée qu'il fut arrêté entre eux qu'ils ne se rendraient à la fête qu'à condition qu'on ne porterait aucune santé en leur présence. Bridgenorth, comme représentant délégué de son parti, se trouva donc forcé de résister à toutes sollicitations, et lady Peveril devint fort embarrassée. Elle regretta bien sincèrement alors l'invitation qu'elle n'avait faite que dans les meilleures intentions; car elle prévoyait que le refus que feraient les presbytériens de s'y rendre réveillerait tous les anciens sujets de querelle, et occasionerait peut-être de nouvelles violences parmi des gens opposés les uns aux autres pendant la guerre civile, il n'y avait pas encore bien long-temps. Accorder aux presbytériens leur demande, c'eût été faire une offense mortelle au parti des Cavaliers, et particulièrement à sir Geoffrey; car les Cavaliers se faisaient aussi-bien un point d'honneur de porter des santés et de forcer les autres à y faire raison, que les puritains un article de leur foi de refuser l'un et l'autre.

Enfin lady Peveril changea de discours, fit tomber la conversation sur la fille du major, l'envoya chercher, et la lui remit entre les bras. Cette ruse de guerre réussit; car, quoique le major parlementaire fît bonne contenance, le père, comme le gouverneur de Tilbury (1), se laissa ébranler, et il promit de faire consentir ses amis à un compromis. C'était que le major, le révérend pasteur et tous ceux qui tenaient strictement aux dogmes

---

(1) Sir Walter Scott fait ici allusion à la pièce du *Critique*, par Shéridan, où, dans la tragédie de sir Fictful Plagiary, le gouverneur de Tilbury se sert de cette antithèse dans le sens contraire :

> The father softens, but the governor is fix'd.
> Le père est attendri, le gouverneur résiste.

Éd.

de la secte des puritains, formeraient une compagnie séparée dans le grand salon, tandis que les joyeux Cavaliers en occuperaient un autre, et que chaque société consulterait, pour boire, la mode ou sa conscience.

Bridgenorth lui-même parut fort soulagé lorsque cette affaire importante eut été réglée. Il s'était fait un scrupule de conscience de maintenir opiniâtrément son opinion; mais il fut enchanté au fond du cœur d'échapper à la nécessité qui paraissait inévitable de faire un affront à lady Peveril en refusant son invitation. Il resta au château plus long-temps, parla et sourit plus que de coutume. Son premier soin, à son retour, fut d'annoncer au pasteur et à sa congrégation la transaction qu'il avait faite comme un point définitivement résolu; et son crédit sur l'esprit des auditeurs était tel que, quoique Solsgrace eût grande envie de prononcer la séparation des partis et de s'écrier : *A vos tentes, Israël!* il prévit qu'il serait appuyé par trop peu de voix pour oser essayer de troubler l'unanimité avec laquelle la proposition du délégué fut acceptée.

Cependant chaque parti prenant l'éveil, d'après le résultat de l'ambassade du major, tant de discussions s'élevèrent successivement sur une multitude de points délicats et chatouilleux, que lady Peveril, la seule personne peut-être qui désirât sincèrement amener entre eux une réconciliation véritable, encourut, pour récompense de ses bonnes intentions, la censure des uns et des autres, et eut bien des raisons pour regretter d'avoir conçu le projet louable de réunir dans une fête publique les Capulets et les Montaigus du comté de Derby.

Comme il avait été décidé que les convives formeraient deux compagnies séparées, une discussion sérieuse s'éleva pour savoir lequel des deux partis entrerait le premier au château. Ce point devint même un sujet d'appréhension sérieuse pour lady Peveril et pour le major Bridgenorth ; car il était à craindre que si les Presbytériens et les Cavaliers arrivaient au château par la même avenue pour y entrer par la même porte, quelque querelle ne s'élevât entre eux, et qu'ils n'en vinssent aux mains avant de pénétrer dans le local destiné à la fête. La dame crut avoir découvert un expédient admirable pour prévenir la possibilité d'un tel accident ; c'était de faire entrer les Cavaliers par la grande porte, et les Têtes-Rondes par une grande brèche faite aux murailles pendant le siège, et par laquelle on faisait sortir les bestiaux pour les conduire au pâturage. Elle s'imagina qu'un tel arrangement préviendrait toutes les querelles entre les deux partis relativement à la préséance.

Quelques autres détails de moindre importance furent réglés en même temps, et, à ce qu'il parut, tellement à la satisfaction du pasteur presbytérien, que, dans une longue instruction sur le sujet de la robe nuptiale, il prit la peine d'expliquer à ses auditeurs que cette expression de l'Écriture ne devait pas seulement s'entendre des vêtemens extérieurs, mais s'appliquait à la situation d'esprit nécessaire pour pouvoir jouir d'une fête paisible. Il exhorta donc ses frères à ne montrer aucun sentiment d'hostilité contre les pauvres aveugles avec lesquels ils devaient en quelque sorte boire et manger le lendemain, de quelques erreurs qu'ils fussent coupables, et à ne pas devenir une cause de trouble dans Israël.

L'honnête docteur Dummerar, recteur épiscopal de Martindale-Moultrassie, mais que la violence avait expulsé de son bénéfice, prêcha un sermon aux Cavaliers sur le même sujet. Il desservait cette paroisse avant la Rébellion, et il était dans les bonnes graces de sir Geoffrey, non-seulement à cause de ses sentimens orthodoxes et de son profond savoir, mais parce que personne n'était plus habile à jouer à la boule, et que personne n'avait la conversation plus gaie en fumant une pipe et en vidant un pot de bière d'octobre. Ces derniers talens avaient valu au docteur l'honneur d'être placé par le vieux Century White (1) sur la liste des ministres indignes, et réprouvés de l'église anglicane, et d'être dénoncé à Dieu et aux hommes comme coupable du péché mortel de jouer à des jeux d'adresse et de hasard, et d'assister aux réunions amicales de ses paroissiens. Lorsque le parti du roi commença à perdre du terrain, le docteur Dummerar quitta son presbytère, se rendit au camp, et remplissant les fonctions d'aumônier du régiment de sir Geoffrey Peveril, il prouva en plusieurs occasions que si son tempérament était robuste son cœur n'était pas doué d'une moindre énergie. Quand tout fut perdu, et qu'il se trouva privé de son bénéfice, ce qui arriva à beaucoup d'autres ministres royalistes, il se tira d'affaire comme il put, se cachant tantôt dans les greniers de ses anciens

(1) La dénonciation de White comprenait *cent prêtres malintentionnés;* d'où lui vint ce surnom de *Century.* Voyez sur ce personnage une note de *Woodstock*, tome Ier.

amis de l'université, qui partageaient avec lui, et avec ceux qui appartenaient au même parti, les faibles moyens d'existence que le malheur des temps leur avait laissés; tantôt dans les maisons de la noblesse opprimée dans ses terres, qui respectait son caractère et ses souffrances. Après la restauration, Dummerar sortit de sa retraite, et il accourut au château de Martindale, pour y jouir du triomphe de cet heureux événement.

Son arrivée au château, en grand costume de ministre de l'église anglicane, et le bon accueil qu'il reçut de toute la noblesse des environs, ajoutèrent beaucoup aux alarmes naissantes du parti qui dominait si peu de temps auparavant. Il est vrai que le docteur Dummerar, digne et honnête homme, ne se livrait pas à des désirs extravagans de promotion, mais la probabilité qu'il serait réintégré dans la place dont on l'avait privé sous les prétextes les plus absurdes, était un coup mortel contre le ministre presbytérien menacé de n'être plus qu'un intrus. Les deux prédicateurs avaient donc des intérêts aussi opposés que l'étaient les sentimens de leurs troupeaux; et c'était un autre obstacle au projet de conciliation de la bonne lady Peveril.

Cependant, comme nous l'avons déjà donné à entendre, le docteur Dummerar se conduisit en cette occasion avec le même esprit de paix que l'avait fait le révérend Nehemiah Solsgrace. Il est vrai que dans le sermon qu'il prêcha dans le vestibule du château devant plusieurs familles distinguées de Cavaliers du voisinage, sans parler d'une foule d'enfans accourus du village pour voir le nouveau spectacle d'un ministre en soutane et en surplis, il s'étendit sur la noirceur des différens crimes commis par le parti des rebelles pendant les temps désastreux du règne précédent; et il appuya sur le caractère pacifique et miséricordieux de la maitresse du château, qui daignait ouvrir sa maison hospitalière et accorder un regard de bonté à des gens dont les principes avaient conduit au meurtre du roi, au massacre de ses sujets loyaux, au pillage et à la dévastation de l'Église de Dieu. Mais il dit aussi dans sa péroraison, que puisque la volonté de leur gracieux souverain, dont ils venaient de voir la restauration, et le désir de l'honorable lady Peveril étaient que cette race rebelle fût tolérée pendant un certain temps par leurs fidèles sujets et vassaux, il convenait que toute personne loyale évitât quant à présent tout sujet de dissension et de querelle avec les enfans de Simei. A cette leçon de patience il ajouta l'assurance consolante qu'ils ne pourraient s'abstenir long-temps de retomber dans leurs anciennes manœuvres de rébellion, auquel cas les royalistes pourraient les extirper de la face de la terre, sans se rendre coupables aux yeux de Dieu et à ceux des hommes.

Ceux qui ont observé de plus près les événemens du temps ont remarqué dans les écrits d'où nous puisons cette histoire, que ces deux sermons produisirent un effet diamétralement contraire au but que se proposaient sans doute ces deux dignes ministres, et qu'au lieu de calmer les esprits des deux factions ils ne servirent qu'à les exaspérer. Ce fut sous ces funestes auspices qu'on vit arriver le jour de la fête, et l'esprit de lady Peveril n'était pas agité de moins sombres pressentimens.

Les deux partis se mirent en marche vers le château de Martindale, par deux différentes routes, chacun formant une espèce de procession, comme pour montrer leur force respective, et ils différaient tellement l'un et l'autre par leurs costumes et leurs manières, qu'on aurait dit que le joyeux cortège d'une noce et le convoi funèbre d'un enterrement se rendaient au même endroit en partant de deux points opposés.

Les Puritains étaient de beaucoup les moins nombreux, et l'on peut en donner deux excellentes raisons. D'abord ils avaient eu l'autorité en mains pendant plusieurs années, et par conséquent ils n'étaient point aimés de la populace, car elle ne s'attache jamais bien sincèrement à ceux qui, actuellement investis du pouvoir, sont fréquemment obligés de s'en servir pour réprimer les désordres auxquels elle se livre. D'ailleurs les habitans des campagnes aimaient alors, comme ils aiment encore aujourd'hui, une foule d'amusemens innocens, et leur gaieté naturelle leur faisait supporter avec autant d'impatience la sévérité des prédicateurs fanatiques que le despotisme militaire des généraux de Cromwell. En second lieu, le peuple était inconstant, suivant sa coutume, et le retour du roi était une nouveauté qui flattait son goût naturel pour toute espèce de changement. D'une autre part, le parti des puritains était abandonné à cette époque par une classe nombreuse d'hommes réfléchis qui lui avaient été fidèlement attachés tant que la fortune lui avait souri. On nommait alors ces personnages prudens les *serviteurs de la Providence*(1), parce qu'ils auraient cru manquer de respect envers elle en restant dans un parti qu'elle cessait de favoriser.

(1) *Waiters on Providence.* — Éd.

Mais, quoiqu'ils fussent abandonnés par les esprits légers et égoïstes, un enthousiasme solennel, un attachement profond et déterminé à leurs principes, une confiance entière dans la sincérité de leurs motifs, et cet orgueil anglais si opiniâtre dans son amour d'une opinion proscrite, retenaient dans les rangs des puritains des hommes redoutables encore par leur caractère sinon par leur nombre. Semblables au voyageur de la fable qui s'enveloppait plus étroitement de son manteau, quand la tempête redoublait, ces vétérans du presbytérianisme étaient la plupart des hommes de la moyenne classe, devant leur fortune à leur industrie et à d'heureuses spéculations dans le commerce ou dans les mines; c'étaient de ces esprits à qui donnent de l'ombrage les prétentions d'une aristocratie ambitieuse et exclusive, et qui sont ordinairement les plus zélés à défendre ce qu'ils regardent comme leurs droits. Leur costume était en général d'une simplicité extrême, et ne se faisait remarquer que par une affectation de négligence et de mépris pour toute espèce de parure. La couleur triste de leurs vêtemens ne variant que du noir à ce qu'on appelle des couleurs sombres, leurs chapeaux à haute forme et à larges bords, leurs grandes épées suspendues à leur ceinturon par une simple courroie, sans nœud, sans boucles, sans aucun des ornemens dont les Cavaliers aimaient à décorer leurs fidèles rapières; leurs cheveux coupés de très-près sur leur tête, et faisant paraître leurs oreilles d'une longueur démesurée (1); enfin, leur air grave et solennel: tout annonçait qu'ils appartenaient à cette classe d'enthousiastes qui avaient brisé

(1) D'où le nom de Tête-Ronde. — Éd.

avec intrépidité tous les ressorts de l'ancien gouvernement, et qui voyaient presque de mauvais œil celui qu'on avait substitué en sa place. Un air de tristesse régnait sur leur visage, mais ce n'était celle ni du découragement ni du désespoir. Ils ressemblaient à de vieux guerriers après une défaite qui, les arrêtant dans leur carrière de gloire, a blessé leur orgueil sans rien ôter à leur courage.

La mélancolie habituelle qu'on remarquait sur les traits du major Bridgenorth le rendait parfaitement propre à être le chef du groupe de Puritains qui sortait du village. Quand ils arrivèrent à l'endroit où ils devaient se détourner pour entrer dans l'ancien parc du château, ils sentirent une impression momentanée d'humiliation comme s'ils cédaient la grande route à leurs ennemis, les Cavaliers, si souvent vaincus par eux. Tandis qu'ils montaient le sentier tournant, passage journalier des bestiaux, une clairière leur fit voir le fossé du château à demi comblé par les débris de la muraille dans laquelle on avait pratiqué une brèche, et cette brèche même faite à l'angle d'une haute tour carrée, dont une partie avait été renversée par le canon et dont le reste, dans un état fort précaire, était comme suspendu au-dessus de la vaste ouverture qu'on voyait dans le mur. Cette vue rappela aux Puritains leurs anciennes victoires, et ils se regardèrent les uns les autres avec un sourire de sombre satisfaction.

Holdfast Clegg, meunier de Derby, qui avait montré lui-même beaucoup d'activité pendant le siège, indiqua du doigt la brèche à Solsgrace, en lui disant avec une grimace de mécontentement : — Je ne croyais guère, quand ma propre main aida à placer le canon qu'Olivier pointa contre cette tour, que nous serions obligés de grimper parmi ces débris comme des renards, pour entrer dans des murs que nous avons conquis avec nos arcs et à la pointe de nos lances. Il me semblait que ces maudits de Dieu avaient dû assez voir à quoi leur servait de fermer leurs portes et d'habiter sur les hauts lieux.

— De la patience, mon frère, répondit Solsgrace; de la patience, et que votre bouche ne s'ouvre pas au murmure. Nous entrons honorablement dans ces hauts lieux, puisque nous allons passer par la porte que le Seigneur a ouverte à ses élus.

Les paroles du pasteur furent comme une étincelle appliquée à une traînée de poudre. Les physionomies du cortège lugubre s'épanouirent sur-le-champ; regardant ces paroles comme un augure favorable, et comme une lumière descendue du ciel, pour lui faire voir leur véritable situation, les Puritains entonnèrent d'un commun accord un des chants de triomphe par lesquels les Israélites célébraient les victoires que Dieu leur avait accordées sur les habitans païens de la terre promise.

> Que Dieu se lève, et que ses ennemis
> Soient dispersés dans la poussière!
> Qu'ils soient de même anéantis
> Ceux qui contre le ciel lèvent leur tête altière.
>
> La cire fond, placée à la chaleur;
> Le vent chasse au loin la fumée;
> De même, devant le Seigneur,
> La race des méchans périra consumée.
>
> Anges vaillans, soldats d'Adonaï,
> Milliers d'esprits que sa voix guide,
> Comme sur le mont Sinaï,
> C'est au milieu de vous que le Seigneur réside.

> Ton bras, grand Dieu! les a donc confondus
> Ces méchans dont l'aveugle rage
> Avait retenu tes élus
> Dans les liens honteux d'un indigne esclavage.

Ces chants de triomphe religieux furent entendus de la joyeuse troupe des Cavaliers, qui, avec tout ce qui leur restait de pompe après leurs nombreuses infortunes, marchaient vers le même point, quoique par une route différente, et remplissaient la grande avenue de cris de fête et d'allégresse. Ces deux troupes offraient un contraste frappant; car, pendant cette époque de dissensions civiles, les habitudes des diverses factions les distinguaient aussi bien qu'un uniforme aurait pu le faire. Si le Puritain avait dans son costume une simplicité affectée, et dans ces manières une raideur ridicule, le Cavalier ne mettait pas moins d'affectation dans la recherche de sa parure, et le mépris qu'il affichait pour l'hypocrisie dégénérait souvent en licence. Des guerriers de tout âge, mais tous joyeux et élégans, marchaient en rangs serrés vers le vieux château en se livrant à cette gaieté qui avait su les soutenir pendant le mauvais temps, comme ils nommaient le temps qu'avait duré l'usurpation de Cromwell. Cette gaieté était alors portée au point de leur faire presque perdre la raison. Les panaches flottaient, les galons et les lances brillaient aux rayons du soleil, les coursiers caracolaient, et de temps en temps un coup de pistolet de poche ou d'arçon se faisait entendre, tiré par quelqu'un qui trouvait que ses talens naturels pour faire du bruit ne répondaient pas assez à la pompe de l'occasion. Une foule d'enfans, car, comme nous l'avons déjà dit, la populace s'était déclarée pour le parti victorieux, les suivait en poussant de

grands cris : — A bas le Croupion! au diable Olivier!
Des instrumens de musique, d'autant d'espèces qu'on
en connaissait alors, jouaient tous en même temps, et
sans avoir égard à l'air que chacun choisissait. L'enthousiasme du moment établissait une fraternité entre
les nobles et les roturiers qui marchaient avec eux. Cet
enthousiasme redoublait encore à l'idée que les éclats
de leur joie bruyante arrivaient jusqu'à leurs voisins
humiliés, les Têtes-Rondes.

Lorsque le chant solennel du psaume, répété par tous
les échos des rochers et des bâtimens en ruines, frappa
leurs oreilles, comme pour les avertir combien peu ils
devaient compter sur l'humiliation de leurs adversaires,
ils y répondirent d'abord par de bruyans éclats de rire,
afin de pouvoir porter jusqu'à la troupe psalmodiante
l'expression de leur mépris; mais c'était un effort infructueux de l'esprit de parti.

Dans une situation douteuse, dans un état de souffrance, il y a quelque chose de plus naturel dans un
sentiment de mélancolie que dans celui de la gaieté; et
s'ils se trouvent en contact, le premier manque rarement de triompher. Si le cortège d'un enterrement se
rencontrait avec celui d'une noce, on conviendra que
l'enjouement du second disparaîtrait bientôt devant la
sombre tristesse du premier. Mais les Cavaliers étaient
alors occupés d'autres pensées. L'air du psaume qui
retentissait à leurs oreilles leur était trop connu. Ils
l'avaient entendu trop souvent préluder à leurs défaites,
pour qu'ils pussent l'entendre sans émotion, même dans
le moment où ils triomphaient. Il y eut parmi eux une
sorte de pause dont ils semblèrent eux-mêmes honteux,
jusqu'à ce que le silence fût enfin rompu par un vieux

chevalier, sir Jasper Cranbourne, dont la bravoure était reconnue si universellement, qu'il pouvait se permettre d'avouer une émotion que des hommes dont on aurait eu lieu de soupçonner le courage n'auraient pas cru pouvoir laisser paraître sans imprudence.

— Eh! eh! dit le vieux chevalier, je consens à ne jamais boire un verre de vin si ce n'est pas le même air que ces coquins avec leurs oreilles au vent entonnèrent en nous attaquant à Wiggan-Lane, où ils nous culbutèrent comme des quilles. Sur ma foi, voisins, pour dire la vérité et faire honte au diable, je n'en aimais guère le son.

— Si je croyais que ces Têtes-Rondes le chantassent pour nous narguer, dit Dick Wildblood, je leur ferais passer le goût de leur psalmodie avec ce bâton. Cette motion, appuyée par Roger Raine, vieil ivrogne tenant l'auberge à l'enseigne des *Armes de Peveril*, dans le village, aurait pu amener un combat général, si sir Jasper n'eût calmé les esprits.

— Nous ne voulons pas de querelle, Dick, dit le vieux chevalier au jeune franklin (1); nous n'en voulons point, et cela pour trois raisons. Premièrement parce que ce serait manquer de respect à lady Peveril, ensuite parce que ce serait troubler la paix du roi, enfin parce que si nous attaquions ces maudits psalmodistes, tu pourrais être frotté, mon enfant, comme cela t'est déjà arrivé.

— Qui? moi? sir Jasper! Moi avoir été frotté par eux! Dieu me damne si jamais cela m'est arrivé, si ce

(1) On donnait le nom de *franklin* aux propriétaires faisant valoir eux-mêmes leurs biens. — Éd.

n'est dans ce maudit défilé où nous étions serrés comme des harengs.

— Je m'imagine que ce fut pour remédier à cet inconvénient que vous courûtes vous cacher dans un buisson que je fus obligé de battre avec mon bâton de commandement pour vous en faire sortir, et qu'alors, au lieu de charger de front, vous fîtes un demi-tour à gauche, en courant de toute la vitesse de vos jambes.

Cette réminiscence fit rire aux dépens de Dick, connu, ou du moins qui passait pour avoir plus de langue que de courage; et la raillerie du chevalier ayant heureusement affaibli le ressentiment qui commençait à s'éveiller dans le cœur de presque tous ceux dont se composait cette cavalcade royaliste, il s'éteignit tout-à-fait par la cessation soudaine du chant qu'ils étaient disposés à regarder comme une insulte préméditée.

Cette cessation était due à l'arrivée des Puritains près de la large brèche que leur canon victorieux avait faite autrefois aux murailles du château. Ces débris amoncelés et les bâtimens à demi renversés que traversait un sentier étroit et escarpé, semblable à ceux qu'on trouve dans les anciennes ruines, et tracés par les pas du petit nombre de gens qui vont les visiter, formaient un contraste vrai avec les tours massives et les autres édifices encore en bon état. Cette vue était bien faite pour rappeler aux Presbytériens la victoire qu'ils avaient remportée en s'emparant de la forteresse de leurs ennemis, et le triomphe dont ils avaient joui en chargeant de chaînes les nobles et les princes.

Mais des sentimens plus conformes au motif qui les amenait au château de Martindale pénétrèrent dans le cœur de ces farouches sectaires eux-mêmes, quand la maîtresse du château, encore dans tout l'éclat de sa beauté, se présenta sur la brèche avec les principales femmes de sa suite pour recevoir ses hôtes avec la courtoisie et les honneurs auxquels son invitation leur donnait droit. Elle avait quitté les habits noirs qu'elle avait portés pendant plusieurs années, et était vêtue avec la splendeur qui convenait à son rang et à sa naissance. Elle n'avait aucun joyau, mais ses longs cheveux étaient ornés d'une guirlande de feuilles de chêne mêlée de lis, les feuilles rappelant la conservation miraculeuse du roi dans le chêne royal (1), les fleurs indiquant son heureuse restauration. Ce qui ajoutait un nouvel intérêt à sa présence pour ceux qui la voyaient en ce moment, c'était la vue de deux enfans qu'elle tenait par la main et dont tous les Puritains pavaient que l'un était la fille de leur chef, le major Bridgenorth, rendue à la vie et à la santé par les soins presque maternels de lady Peveril.

Si les individus d'un rang inférieur qui composaient cette troupe sentirent l'influence salutaire de sa présence en la voyant ainsi accompagnée, on peut croire que le pauvre Bridgenorth en fut presque accablé. Ses principes sévères ne lui permettaient pas de fléchir le genou et de baiser la main qui tenait ainsi sa petite orpheline; mais son salut profond, sa voix tremblante, ses yeux humides annonçaient plus de respect et de reconnaissance pour la dame à qui il s'adressait, que toutes les protestations des Persans n'auraient pu le faire. Quelques mots pleins de douceur et de bonté ex-

(1) Personne n'ignore que Charles II, pendant la guerre civile, poursuivi par les républicains, se déroba à ses ennemis en se cachant dans un chêne creux. — Éd.

primant le plaisir qu'elle trouvait à revoir ses voisins et ses amis, quelques questions adressées avec bonté aux principaux individus de la compagnie sur leurs familles et leurs affaires, achevèrent le triomphe de lady Peveril sur des dispositions au mécontentement et sur des souvenirs dangereux. Chacun se livra bientôt cordialement au plaisir de la fête.

Solsgrace lui-même, quoiqu'il crût que sa place de pasteur de ce troupeau lui imposait le devoir de surveiller les ruses d'une femme amalécite et de les déjouer, ne put se dérober à la contagion, et il fut si pénétré des marques de bienveillance et de bonté que prodiguait lady Peveril, qu'il entonna sur-le-champ le psaume :

> Jour d'allégresse, jour heureux !
> Ah ! qu'il est doux de voir des frères,
> Par des sentimens sincères,
> Réunis tous en ces lieux !

Recevant ce témoignage de reconnaissance comme un retour de politesse, lady Peveril conduisit elle-même cette partie de ses hôtes dans l'appartement où un diner, aussi ample que somptueux, les attendait. Elle eut même la patience d'y rester pendant que M. Nehemiah Solsgrace prononçait un bénédicité d'une longueur démesurée, comme une introduction au banquet. Sa présence gênait pourtant un peu le digne ministre, dont le débit fut plus embarrassé que de coutume, parce qu'il sentait qu'il ne pouvait terminer par la péroraison ordinaire, c'est-à-dire par une pétition adressée au ciel pour que le pays fût délivré du papisme, de la prélature et de Peveril du Pic, ce qui lui était devenu si habituel, qu'après avoir fait de vains efforts pour trouver une autre prière, il fut obligé d'en revenir à sa formule ordinaire, dont il prononça les deux premiers mots à haute voix, et dont il murmura le reste de manière à n'être pas même entendu par ses plus proches voisins.

Le silence du ministre amena bientôt ce bruit qui annonce l'attaque dirigée par des gens de bon appétit contre des mets placés sur une table bien garnie, et lady Peveril saisit cette occasion pour sortir de l'appartement et aller rendre visite à ses autres hôtes. Dans le fait, elle sentait qu'il était temps de le faire, et que les royalistes pourraient mal interpréter et peut-être voir de mauvais œil la priorité d'égards qu'elle avait cru devoir, par prudence, accorder aux puritains.

Ces appréhensions n'étaient pas tout-à-fait sans fondement. Ce fut en vain que l'intendant avait arboré sur une des tours qui flanquaient la grande porte du château l'étendard royal, avec l'heureuse inscription *tandem triomphans;* tandis qu'on voyait flotter sur l'autre la bannière de Peveril du Pic, sous laquelle la plupart de ceux qui s'approchaient alors avaient combattu pendant les vicissitudes de la guerre civile. Ce fut en vain qu'il répéta mainte et mainte fois d'une voix de Stentor : — Soyez les bien-venus, nobles Cavaliers; soyez les bien-venus, généreux gentilshommes! Un léger murmure, qui courait parmi eux de bouche en bouche, apprenait que cette bien-venue aurait dû sortir de la bouche de l'épouse de leur ancien colonel, et non de celles d'un homme à gages.

Sir Jasper Cranbourne avait autant de bon sens que de courage : il connaissait les motifs de sa belle cousine, qui l'avait consulté sur tous les arrangemens qu'elle se proposait de faire; il vit que la situation des esprits était telle, qu'il n'y avait pas un instant à perdre pour faire entrer les convives dans la salle du banquet, où une heureuse diversion à tous ces germes de mécontentement pourrait s'opérer aux dépens des mets de toute espèce que les soins de la bonne dame avaient fait préparer.

Le stratagème du vieux guerrier réussit complètement. Il se plaça dans le grand fauteuil de chêne qu'occupait ordinairement l'intendant, quand il recevait les comptes des fermiers; et le docteur Dummerar ayant prononcé en latin un court bénédicité qui ne parut pas moins bon à ses auditeurs, quoiqu'ils ne le comprissent pas, sir Jasper invita la société à s'aiguiser l'appétit en commençant par boire, à la santé de Sa Majesté, une rasade aussi pleine que les verres le permettraient. En un instant on n'entendit plus que le bruit des verres et des flacons. Le moment d'après, tout les convives étaient debout, le verre à la main, le bras étendu, silencieux, et les yeux fixés sur sir Jasper. La voix du vieux chevalier, retentissant comme le son de la trompette de guerre, annonça avec emphase la santé du monarque rétabli sur son trône; son toast fut répété en chorus par toute l'assemblée empressée de rendre hommage à son souverain. Un autre moment de silence fut occasioné par la nécessité de vider les verres; après quoi des acclamations si bruyantes partirent en même temps de toutes parts, que non-seulement les solives du plafond en tremblèrent, mais qu'on vit les guirlandes de branches de chêne et de fleurs dont l'appartement était décoré, s'agiter comme si elles eussent été exposées à l'action du vent. Ce cérémonial bien observé, la compagnie commença à faire honneur à la bonne chère sous laquelle la table gémissait. Elle était animée à cette attaque par la gaieté d'une part, et par la mélodie de l'autre; car on voyait parmi eux tous les ménestrels du district qui, de même que le clergé épiscopal, avaient été réduits au silence sous le règne des soi-disant saints de la république.

L'occupation de manger et de boire, l'échange de santés entre d'anciens voisins naguère compagnons d'armes dans le moment de la résistance, et compagnons de souffrances dans celui de la défaite, rassemblés enfin par un sujet général de félicitation, effacèrent bientôt de leur souvenir le léger motif de mécontentement qui, dans l'esprit de quelques-uns d'entre eux, avait couvert d'un nuage la sérénité de cette journée; de sorte que lorsque lady Peveril entra, toujours accumpagnée des deux enfans et suivie de ses femmes, elle fut reçue avec les acclamations dues à la maîtresse du château, à l'épouse du noble chevalier dont la plupart des convives pouvaient attester la valeur et la persévérance digne d'un meilleur succès.

Le discours qu'elle leur adressa fut court et digne d'une femme de son rang; mais elle le prononça avec un accent de sensibilité qui pénétra tous les cœurs. Elle s'excusa de paraître si tard devant eux, en leur rappelant qu'il se trouvait en ce moment au château de Martindale des hommes, jadis leurs ennemis, mais que d'heureux événemens, arrivés depuis peu, avaient changés en amis, et qu'ils l'étaient depuis si peu de temps, qu'elle n'avait pas osé négliger envers eux aucun article de cérémonial. Mais ceux à qui elle s'adressait maintenant étaient les plus chers, les plus fidèles, les meilleurs amis de la maison de son mari. C'était à eux et à leur valeur que Peveril avait dû les succès qui leur avaient acquis ainsi qu'à lui tant de renommée pendant ces temps de malheur. C'était en particulier à leur courage qu'elle avait dû la conservation de leur chef, même lorsqu'il ne pouvait éviter une défaite. Quelques mots de félicitation sur l'heureux rétablissement de l'autorité royale achevèrent son discours; et saluant ses convives avec grace, elle approcha un verre de ses lèvres, comme pour les assurer de leur bien-venue.

Il restait encore à cette époque, et surtout parmi les anciens Cavaliers, quelque étincelle de cet esprit qui inspirait Froissart quand il déclarait qu'un chevalier a double courage quand il est animé par les regards et par la voix d'une femme belle et vertueuse. Ce ne fut que sous le règne dont on voyait l'aurore au moment dont nous parlons, que la licence sans bornes du siècle, introduisant un goût de débauche presque général, dégrada les femmes au point de ne les faire regarder que comme des instrumens de plaisir, et par là priva la société de ce noble sentiment qu'inspire le beau sexe. Ce sentiment, considéré comme un aiguillon qui excite à de belles actions, est supérieur à toutes les impulsions, si l'on en excepte celles de la religion et du patriotisme. Les solives du plafond retentirent d'acclamations encore plus bruyantes, encore plus prolongées que celles qui s'étaient déjà fait entendre, et les noms de Peveril du Pic et de son épouse furent proclamés au milieu des vœux universels pour leur bonheur et leur santé, tandis que chaque convive levait et agitait en l'air son bonnet ou son chapeau.

Ce fut sous ces auspices que lady Peveril sortit de l'appartement, laissant le champ libre à l'enthousiasme et à la gaieté.

La joie des Cavaliers peut aisément se concevoir, puisqu'elle avait pour accompagnement ces toasts, ces plaisanteries, cette musique instrumentale et vocale, qui, dans presque tous les temps et dans tous les pays, ont toujours été, en quelque sorte, l'ame d'un festin joyeux. Les jouissances des Puritains étaient d'un caractère tout différent, et beaucoup moins bruyantes. Ils n'avaient ni chansons ni musique, ne se permettaient aucune plaisanterie, et ne portaient pas une seule santé. Et cependant ils n'en paraissaient pas moins jouir à leur manière des bonnes choses que la fragilité humaine, pour nous servir d'une de leurs expressions, rend agréables à l'homme extérieur. Le vieux Whitaker prétendit même que, quoiqu'ils fussent moins nombreux, ils firent une aussi grande consommation de vin des Canaries et de Bordeaux que les convives joyeux réunis dans une autre salle. Mais ceux qui connaissaient les préventions de l'intendant contre les Puritains étaient portés à croire que, pour produire un tel résultat, il avait porté à leur compte le total de ses libations personnelles, qui n'était pas peu considérable.

Sans adopter un bruit répandu par la médisance et la partialité, nous dirons qu'en cette occasion, comme dans presque toutes les autres, la rareté du plaisir en augmentait le prix; et que ceux qui faisaient de l'abstinence ou du moins de la modération un principe religieux, jouissaient d'autant plus d'une réunion amicale, que de telles occasions étaient plus rares. S'ils n'élevaient pas la voix pour boire à la santé les uns des autres, ils prouvaient du moins en se regardant et en faisant un signe de tête, en levant leurs verres, qu'ils trouvaient tous le même plaisir à satisfaire leur soif et leur appétit, et que ce plaisir était doublé parce qu'ils le partageaient avec leurs amis et leurs voisins. La religion, étant le principal sujet de leurs pensées, devint aussi celui de la conversation ; et formant divers conciliabules, ils se mirent à discuter divers points de doctrine avec la plus subtile métaphysique, à balancer le mérite de divers prédicateurs, à comparer les articles de foi de différentes sectes, chacun fortifiant par des citations tirées de l'Écriture celle qu'il favorisait.

Ces débats donnèrent lieu à quelques altercations qui auraient peut-être été poussées plus loin que la bienséance ne le permettait, sans l'intervention prudente du major Bridgenorth. Il étouffa pareillement dans son germe une querelle qui s'éleva entre Gaffer Hodgeson de Charnelycot et le révérend M. Solsgrace sur la question délicate de savoir si les laïques avaient droit de prêcher, de même que les ministres; et il ne crut ni prudent ni convenable de céder aux désirs de quelques-uns des plus chauds enthousiastes de la compagnie qui désiraient faire profiter les autres du don qu'ils avaient reçu du ciel pour improviser des prières et des homélies. Toutes ces absurdités appartenaient à l'époque, et soit qu'elles prissent leur source dans l'hypocrisie ou dans l'enthousiasme, le major eut assez de bon sens pour sentir qu'elles ne convenaient ni au temps ni au lieu.

Ce fut encore lui qui détermina sa compagnie à se retirer de bonne heure, de sorte que les Puritains quittèrent le château long-temps avant que leurs rivaux, les Cavaliers, eussent atteint l'apogée de la gaieté; cet arrangement causa la plus vive satisfaction à lady Peveril, à cause des conséquences fâcheuses qui auraient pu résulter si les deux compagnies, partant au même instant, étaient venues à se rencontrer.

Il était près de minuit quand la plupart des Cavaliers, c'est-à-dire ceux qui étaient en état de partir sans avoir besoin du secours de personne, reprirent la route du village de Martindale-Moultrassie, profitant du clair de lune pour prévenir les accidens. Leurs cris, et le refrain qu'ils chantaient en chœur,

Le roi reprendra sa couronne,

furent entendus avec grand plaisir par lady Peveril, qui se trouva bien soulagée quand elle vit la fête finie sans aucun accident fâcheux.

Les réjouissances n'étaient pourtant pas entièrement terminées; car les Cavaliers, dont la tête était un peu échauffée, trouvant encore quelques villageois attroupés autour d'un feu de joie allumé dans la rue, se mêlèrent gaiement parmi eux, envoyèrent aux *Armes de Peveril*, chez Roger Raine, l'aubergiste dont nous avons déjà parlé, pour faire venir deux barils de joyeux *boute-en-train*, comme ils nommaient la double ale, et leur prêtèrent leur puissante assistance pour les vider à la santé du Roi et du loyal général Monk. Leurs acclamations troublèrent long-temps la tranquillité du petit village et y répandirent même quelque alarme, mais nul enthousiasme n'est en état de résister toujours à l'influence naturelle de la nuit et des libations répétées. Le tumulte que faisaient les royalistes triomphans fut enfin remplacé par le silence, et la lune et le hibou restèrent en posses-sion paisible de la vieille tour de l'église du village, qui, s'élevant comme un point blanc au-déssus d'un bouquet de chênes, servait d'habitation à l'oiseau solitaire, et était argentée par les rayons de l'astre des nuits.

CHAPITRE V.

» De leur maître à l'instant arborant la bannière,
» Ils sentent dans leur cœur naître une ardeur guerrière.
» Qui de ces paysans sut faire des soldats ?
» Quel chef les enflamma de l'amour des combats ?
» Ce miracle se fit à la voix d'une femme. »

WILLIAM S. ROSE.

Dans la matinée qui suivit le jour de la fête, lady Peveril, se ressentant un peu des fatigues et des appréhensions auxquelles elle s'était livrée la veille, garda sa chambre deux ou trois heures plus tard que son activité naturelle et l'usage où l'on était alors de se lever de bonne heure ne l'y avaient habituée. Pendant ce temps, mistress Ellesmere, femme qui jouissait au château de la plus grande confiance, et qui prenait beaucoup d'autorité dans la maison en l'absence de sa maîtresse, donna ordre à Debora, gouvernante des enfans, de les conduire sur-le-champ dans le parc, pour qu'ils y prissent l'air, et de ne laisser entrer personne dans la chambre dorée, où ils jouaient ordinairement. Debora, qui se révoltait souvent, et quelquefois avec succès, contre le pouvoir délégué à mistress Ellesmere, se mit dans la tête qu'il allait pleuvoir, et décida que la chambre dorée était un lieu plus convenable pour les enfans que le jardin, dont l'herbe devait encore être couverte de rosée.

Mais les résolutions d'une femme sont quelquefois aussi versatiles que celles d'une assemblée populaire; et, après avoir décidé que la matinée serait pluvieuse et qu'il valait mieux que les enfans jouassent dans la chambre dorée, elle pensa, sans s'inquiéter beaucoup si elle se mettait en contradiction avec elle-même, que, quant à elle, le parc lui conviendrait mieux pour sa promenade du matin. Il est vrai que, profitant de la gaieté de la fête de la veille, elle avait dansé jusqu'à minuit avec Lance-Outram, le jeune garde-forestier; mais nous sommes loin de vouloir décider si, lorsqu'elle le vit passer sous la fenêtre, en habit de chasse, une plume à son chapeau, et une arbalète sur l'épaule, cette vue opéra quelque changement dans l'opinion qu'elle s'était formée relativement au temps. Il nous suffira de dire qu'aussitôt que mistress Ellesmere eut le dos tourné, Debora conduisit les enfans dans la chambre dorée, recommanda à Julien (car il faut lui rendre justice) de prendre grand soin de sa petite femme Alice; et après une précaution si satisfaisante elle les laissa, et se glissa dans le parc par la porte vitrée de l'office pratiquée en face de la grande brèche.

La chambre dorée dans laquelle les enfans, par suite de cet arrangement, se trouvaient abandonnés à eux-mêmes pour s'amuser comme ils l'entendraient sans autre sauve-garde que celle du sexe de Julien, était un grand appartement dont les murs étaient couverts en cuir doré d'Espagne, tapisserie dont la mode est inconnue de nos jours, et qui représentait des joûtes et des combats entre les Sarrasins de Grenade et les Espagnols sujets du roi Ferdinand et de la reine Isabelle, pendant ce siège mémorable terminé par la destruction définitive de la domination des Maures en Espagne.

Le petit Julien courait dans la chambre pour amuser sa petite amie et se divertir en même temps, armé d'une baguette avec laquelle il imitait les attitudes des Zégris et des Abencerrages qu'on avait représentés sur la tapisserie lançant le dgerid ou javeline de l'Orient. Quelquefois il s'asseyait auprès d'elle, la caressant pour lui rendre sa bonne humeur, quand elle s'ennuyait d'être spectatrice inactive des divertissemens de son jeune compagnon. Tout à coup il vit une partie de la tapisserie se soulever; un panneau de boiserie, poussé par une belle main, glissa sur le panneau voisin, et de jolis doigts appuyés sur le bord travaillaient à le faire avancer encore davantage. Julien fut très-surpris et même effrayé de ce qu'il voyait, car les histoires que lui avait racontées sa gouvernante avaient gravé de bonne heure dans son esprit la terreur du monde invisible. Cependant, naturellement hardi et courageux, le jeune champion se plaça devant la petite fille, brandissant l'arme qu'il avait à la main comme pour la défendre, et montrant autant de résolution que s'il eût été un Abencerrage de Grenade.

Le panneau sur lequel il avait les yeux fixés continuait toujours à glisser et montrait de plus en plus la personne à qui appartenait la main qu'il voyait. Enfin, à travers l'ouverture, les enfans virent une femme en habit de deuil, de moyen âge, mais dont les traits offraient encore les restes d'une grande beauté, quoique le caractère particulier de sa physionomie et de tout son extérieur fût un air de dignité presque royale. Elle s'arrêta un instant sur le seuil de la porte qu'elle venait d'ouvrir d'une manière si imprévue, en regardant avec surprise les enfans, qu'elle n'avait probablement pas aperçus pendant qu'elle était occupée à faire jouer le panneau ; elle entra dans l'appartement, après avoir touché un ressort qui fit fermer cette porte secrète si brusquement, que Julien douta presque qu'elle eût jamais été ouverte, et fut tenté de croire que tout ce qu'il voyait n'était qu'une illusion.

La dame s'avança pourtant vers lui d'un air majestueux, en lui disant : — N'êtes-vous pas le petit Peveril?

— Oui, répondit Julien en rougissant, et obéissant déjà malgré son jeune âge, à ce principe de la chevalerie qui défend de désavouer son nom quelque danger qu'on puisse courir à le faire connaître.

— En ce cas, reprit l'étrangère, allez dans l'appartement de votre mère, et dites-lui de venir me parler à l'instant.

— Je n'irai pas, répondit l'enfant.

— Comment! s'écria la dame : si jeune et si désobéissant! mais vous ne faites que suivre l'esprit du temps.... Pourquoi ne voulez-vous pas me rendre ce service, mon bel enfant?

— J'irais bien volontiers, madame, répondit Julien, mais..... et n'osant en dire davantage, il reculait à mesure que la dame avançait, tenant par la main Alice Bridgenorth, qui, trop jeune encore pour comprendre ce dialogue, se serrait, en tremblant, contre son jeune compagnon.

L'étrangère vit son embarras, sourit, et, s'arrêtant, lui demanda encore une fois : — Que craignez-vous, mon brave enfant? Pourquoi ne voulez-vous pas faire ma commission pour votre mère?

— Parce que si je sors, répondit Julien avec fermeté, il faut que je laisse Alice seule avec vous.

— Vous êtes un brave garçon, dit la dame, et vous ne déshonorez pas votre race, qui n'a jamais laissé le faible sans protection.

Julien ne la comprenait pas trop, et il jetait des regards inquiets et craintifs, tantôt sur celle qui lui parlait ainsi, tantôt sur sa petite compagne dont les yeux enfantins se portaient aussi tour à tour sur la dame inconnue et sur son jeune protecteur. Enfin, effrayée elle-même de la crainte que Julien, malgré ses efforts magnanimes, ne pouvait entièrement dissimuler, elle se jeta dans les bras de son compagnon, augmenta sa frayeur par les alarmes qu'elle éprouvait elle-même, et fit si bien, en criant de toutes ses forces, que la contagion de la crainte s'étendit jusqu'à Julien, et qu'il lui devint impossible de n'en pas faire autant.

Il est vrai qu'on remarquait dans l'air et les manières de cette inconnue quelque chose qui pouvait justifier, sinon la terreur, au moins une sorte de crainte, surtout après la manière inattendue et mystérieuse de son arrivée. Ses vêtemens, qui n'avaient rien de remarquable, étaient semblables à ceux que les femmes de moyenne classe portaient alors pour monter à cheval, mais ses cheveux noirs étaient fort longs, et plusieurs boucles échappées de dessous son capuchon flottaient sur ses épaules. Ses yeux étaient noirs, vifs et perçans, et ses traits annonçaient une origine étrangère. Quand elle parlait, on remarquait dans sa voix un léger accent étranger, quoiqu'elle parlât anglais avec beaucoup de pureté. Ses gestes semblaient appartenir à une femme accoutumée à commander et à être obéie. Et ce fut le souvenir de tout cela qui suggéra à Julien l'excuse qu'il allégua ensuite pour se justifier de s'être laissé effrayer, en disant qu'il l'avait prise pour une reine enchantée.

Tandis que l'étrangère et les deux enfans s'examinaient ainsi, deux personnes entrèrent presque au même instant, mais par deux portes différentes, et leurs pas précipités prouvaient qu'ils avaient été attirés par les cris des deux enfans.

La première était le major Bridgenorth alarmé par les cris d'Alice, à l'instant où il entrait dans le vestibule, voisin de la chambre dorée. Son intention avait été d'attendre dans le salon que lady Peveril descendît; il venait pour lui assurer que la fête de la veille s'était passée, sous tous les rapports, de la manière la plus agréable pour tous ses amis, et n'avait donné lieu à aucune de ces suites alarmantes que pouvait faire craindre le contact des deux partis naguère opposés l'un à l'autre. Mais si l'on se rappelle toutes les craintes qui l'avaient agité pour la santé et même pour la vie de sa fille, craintes assez justifiées par la perte qu'il avait faite successivement de tous ses autres enfans, on ne trouvera pas étonnant que les cris d'Alice lui eussent fait oublier les formes d'usage, et l'eussent porté à pénétrer dans l'intérieur de la maison plus avant que les règles strictes du cérémonial ne l'eussent permis en toute autre occasion.

Il se précipita donc dans la chambre dorée, où il entra par une porte latérale, après avoir traversé un corridor étroit qui conduisait du vestibule dans cet appartement; et prenant sa fille dans ses bras, il essaya, par mille caresses, d'étouffer ses cris, mais les cris ne devinrent que plus perçans quand elle se vit entre les bras d'un homme dont elle connaissait à peine la voix et les traits, et qui peu de jours auparavant lui était entièrement étranger.

Le redoublement des cris d'Alice occasiona le même effet sur Julien, qui, en voyant arriver ce nouveau venu, renonça à toute idée de défendre sa compagne autrement que par les cris qu'il poussait de toute la force de ses poumons pour appeler du secours.

Alarmée enfin par le bruit, lady Peveril, dont l'appartement communiquait avec la chambre dorée par un escalier dérobé, se montra à son tour sur la scène. Dès qu'elle parut, la petite Alice, se dégageant des bras de son père, courut vers sa protectrice, et dès qu'elle eut une fois saisi le pan de sa robe, non-seulement elle cessa de crier, mais elle tourna vers la dame étrangère ses grands yeux bleus, dans lesquels on voyait encore briller des larmes, avec un air de surprise plutôt que de crainte. Julien, relevant sa baguette, qu'il avait toujours gardée tant que l'alarme avait duré, se rangea à côté de sa mère, comme s'il avait voulu être à portée de la secourir si sa rencontre avec l'inconnue l'exposait à quelque danger.

Dans le fait, une personne plus âgée que lui aurait éprouvé quelque embarras pour expliquer l'air confus et interdit avec lequel lady Peveril regardait la dame qui lui rendait une visite si inattendue, comme si elle eût cherché à reconnaître dans des traits encore plus beaux, quoique commençant à se flétrir, ceux d'une personne qu'elle avait connue dans des circonstances bien différentes.

L'étrangère parut comprendre le motif qui faisait hésiter la maîtresse de la maison, car elle lui dit avec cette voix imposante qui semblait lui appartenir exclusivement :

— Le temps et l'infortune m'ont beaucoup changée, tous les miroirs me le disent. Je croyais pourtant que Marguerite Stanley aurait pu reconnaître Charlotte de la Trémouille.

Lady Peveril était peu habituée à s'abandonner à une émotion soudaine, mais en cette occasion elle ne put se dérober à celle qu'elle éprouvait. Elle tomba sur ses genoux dans une extase qui participait de la joie et du chagrin, et embrassant ceux de l'étrangère, elle s'écria d'une voix entrecoupée :

— Ma bonne, ma noble protectrice, la comtesse de Derby, la souveraine de l'île de Man ! Comment ai-je pu méconnaître un instant votre voix et vos traits ? Ah ! pardonnez, pardonnez-moi !

La comtesse releva la parente de son mari avec l'aisance et la grace d'une femme accoutumée dès sa naissance à recevoir des hommages et à accorder sa protection. Elle baisa le front de lady Peveril, et lui passa la main sur le visage d'un air de familiarité.

— Vous êtes changée aussi, ma belle cousine, lui dit-elle ; mais c'est un changement qui vous sied. Au lieu de la jolie fille timide que j'ai connue, je retrouve une femme pleine de grace et de dignité. Mais ma mémoire, que je croyais bonne autrefois, me trompe étrangement si je vois en monsieur sir Geoffrey Peveril.

— Ce n'est qu'un voisin, madame, répondit lady Peveril, un bon voisin : sir Geoffrey est à la cour.

— C'est ce que j'avais entendu dire hier soir en arrivant, dit la comtesse de Derby.

— Comment, madame, s'écria lady Peveril, êtes-vous entrée dans le château de Martindale, dans la maison de Marguerite Stanley, où vous avez tant de droits pour commander, sans lui faire annoncer votre présence?

— Oh! je sais que vous êtes une sujette soumise, Marguerite, quoique ce soit une chose rare de nos jours, dit la comtesse; mais notre bon plaisir, ajouta-t-elle en souriant, était de voyager incognito, et, apprenant que vous aviez nombreuse compagnie, nous n'avons pas voulu vous troubler de notre présence royale.

— Mais où, mais comment avez-vous été logée, madame? demanda la comtesse. Pourquoi avez-vous gardé le secret sur une visite qui aurait doublé le plaisir de tous les fidèles serviteurs du roi réunis hier en ce château?

— Ellesmere, votre Ellesmere aujourd'hui, car autrefois c'était à moi qu'elle appartenait, a pris soin de mon logement. Vous savez qu'elle a rempli jadis les fonctions de quartier-maître, et dans une plus vaste sphère. Il faut que vous l'excusiez. Elle avait reçu mes ordres positifs de me loger dans l'appartement le plus secret du château. Et ici la comtesse montra du doigt le panneau mobile. — Elle a obéi à mes ordres en cela, et probablement aussi en vous invitant à venir me trouver.

— Je ne l'ai pas encore vue ce matin, madame; par conséquent j'ignorais une visite si agréable et si surprenante.

— Et moi, j'ai été également surprise de ne trouver que ces deux jolis enfans dans cet appartement où je croyais vous avoir entendue marcher. Notre Ellesmere est devenue négligente. Votre indulgence l'a gâtée, Marguerite. Elle n'est plus aussi bien disciplinée que lorsqu'elle était sous mes ordres.

— Je l'ai vue entrer dans le parc il n'y a pas longtemps, sans doute pour chercher la personne chargée des enfans, et lui dire de les emmener hors de cette chambre.

— Ces enfans sont à vous, sans doute, Marguerite? la Providence a béni votre union.

— Voici mon fils, dit lady Peveril en montrant Julien, qui prêtait une oreille avide à cette conversation; et quant à cette petite fille, je puis dire aussi que j'en suis la mère.

Le major avait repris Alice dans ses bras pour la caresser; mais à ces mots de la comtesse de Derby, il la posa à terre, et en soupirant il s'avança vers la fenêtre gothique. Il savait fort bien que les règles ordinaires de la politesse voulaient qu'il se retirât, ou du moins qu'il offrît de se retirer, mais il était ennemi d'une politesse cérémonieuse, et les sujets sur lesquels il paraissait probable que la conversation de la compagnie allait tourner étaient pour lui d'un intérêt si vif, qu'il crut pouvoir se dispenser de toute cérémonie. Les deux dames semblaient à peine faire attention à lui, et la comtesse de Derby, ayant pris un fauteuil, fit signe à lady Peveril de s'asseoir sur un tabouret à côté d'elle.

— Nous parlerons encore des anciens temps, dit-elle, quoique vous n'ayez plus à craindre que les fusils des rebelles vous forcent à vous réfugiez chez moi.

— J'ai un fusil, madame, dit le petit Julien, et le garde forestier doit m'apprendre à en tirer l'année prochaine.

— Eh bien, je vous prendrai à mon service comme soldat, dit la comtesse.

— Les femmes n'ont pas de soldats, répondit Julien en la regardant attentivement.

— Il a pour notre sexe, dit la comtesse, tout le mépris du sien. Ce mépris naît avec ces maîtres insolens du genre humain, et il commence à se montrer dès qu'ils quittent les jupons. Ellesmere ne vous a-t-elle jamais parlé de Latham-House et de Charlotte, comtesse de Derby, mon petit ami?

— Mille et mille fois, répondit l'enfant en rougissant; et elle m'a dit que la reine de l'île de Man l'a défendue pendant six semaines contre trois mille Têtes-Rondes, commandés par Rogue Harrisson, le boucher.

— C'est votre mère qui a défendu Latham-House, mon petit soldat, dit la comtesse, et non pas moi. Si tu y avais été, tu aurais été le meilleur capitaine des trois.

— Ne parlez pas ainsi, madame, répliqua l'enfant. Maman ne toucherait pas à un fusil pour tout l'univers.

— Vous avez raison, Julien, dit sa mère. Il est bien vrai que j'étais à Latham-House, mais je formais une partie inutile de la garnison.

— Vous oubliez, dit la comtesse, les services que vous avez rendus à notre hôpital en le fournissant de charpie, et en donnant des soins à nos soldats blessés.

— Mais papa ne vint-il pas enfin vous aider? demanda Julien.

— Oui, répondit la comtesse; papa vint enfin, et le prince Rupert vint aussi; mais je crois qu'ils ne vinrent qu'après s'être fait long-temps désirer. Vous souvenez-vous, Marguerite, du matin où les Têtes-Rondes, qui nous assiégeaient depuis si long-temps, firent leur retraite sans tambour ni trompette, et en abandonnant tous leurs bagages, dès qu'ils virent flotter sur le haut de la montagne les étendards du prince? Chaque capitaine couvert d'un beau casque que vous aperceviez de loin, vous le preniez pour Peveril du Pic, avec qui vous aviez dansé trois mois auparavant au bal de la reine. Cela ne doit pas vous faire rougir, Marguerite, c'était un amour honnête; et quoique le son des trompettes guerrières vous ait accompagnée dans la vieille chapelle, que les boulets de l'ennemi avaient à demi renversée; quoique le prince Rupert, qui vous donna la main pour vous conduire à l'autel, portât la bandoulière, et eût ses pistolets à sa ceinture, je me flatte que tous ces signes de guerre n'ont pas été un présage de discorde conjugale?

— Le ciel m'a traitée avec indulgence, dit lady Peveril, en m'accordant un si bon mari.

— Et en vous le conservant, ajouta la comtesse avec un profond soupir; tandis que le mien a scellé de son sang son dévouement pour son roi. Oh! s'il avait vécu pour voir un pareil jour...!

— Hélas! répondit lady Peveril, que le ciel ne l'a-t-il permis! Combien ce brave et noble comte se serait réjoui de la fin inespérée de notre captivité!

La comtesse regarda lady Peveril d'un air de surprise,

— Vous ne savez donc pas, cousine, dans quelle situation se trouve aujourd'hui notre maison? Combien mon noble époux aurait-il été surpris s'il avait pu savoir que ce même monarque pour qui il a versé son sang sur l'échafaud à Bolton-le-Moor, achèverait la ruine de notre fortune déjà à peu près détruite à son service, et persécuterait en moi la veuve d'un si fidèle partisan! combien aurait-il été surpris si on lui avait dit que ce seraient même là les premiers actes de la restauration de Charles!

— Vous m'étonnez, madame; il est impossible que vous, la veuve du plus brave et de l'un des plus fidèles sujets du roi, comtesse de Derby et souveraine de l'île de Man; vous qui avez rempli les devoirs de soldat, lorsque tant d'hommes jouaient le rôle de femmes, vous éprouviez des malheurs par suite d'un événement qui comble les vœux de tous les bons Anglais. Cela est impossible.

— Je vois, ma belle cousine, que vous n'êtes guère plus avancée qu'autrefois dans la connaissance du monde. Cette restauration qui garantit la sûreté des autres m'a mise en danger. Ce changement, si heureux pour les autres royalistes, qui, j'ose m'en flatter, n'ont pu montrer plus de zèle que moi pour leur maître, m'oblige à arriver chez vous en fugitive, et à vous demander des secours et une retraite.

— Vous, dont la bienveillance daigna accorder un asile à ma jeunesse, madame; vous dont le noble mari avait choisi le mien pour compagnon d'armes, vous avez droit de commander ici. Mais faut-il que vous ayez besoin des faibles secours qui sont à ma disposition! Pardonnez; c'est pour moi comme une des visions sinistres du sommeil. J'écoute vos discours comme si j'espérais être soulagée, en m'éveillant, de l'impression pénible qu'ils font sur moi.

— C'est véritablement un rêve, une vision; mais il ne faut pas être bien habile devin pour l'expliquer. L'explication en a été donnée il y a long-temps : — Ne placez pas votre confiance dans les princes. — Au surplus je puis faire cesser bientôt votre surprise. Monsieur, votre ami, est sans doute un homme honnête?

Lady Peveril savait que les Cavaliers, comme le font toutes les factions, s'attribuaient exclusivement la dénomination d'*honnêtes gens;* et elle trouvait quelque difficulté à expliquer à la comtesse que le major n'était pas précisément *honnête* en ce sens.

— Ne ferions-nous pas mieux, madame, de passer dans un autre appartement? dit-elle en se levant comme pour la suivre. Mais la comtesse resta sur sa chaise.

— C'était par habitude que je vous faisais cette question, dit-elle; les principes de monsieur me sont fort indifférens; car ce que j'ai à vous dire est généralement connu maintenant, et peu m'importe qui l'entendra. Vous vous souvenez, vous devez le savoir, car Marguerite Stanley ne peut avoir été indifférente à mon destin, qu'après le meurtre de mon époux à Bolton, je relevai l'étendard qu'il ne laissa tomber qu'à sa mort, et que je l'arborai moi-même dans notre souveraineté de l'île de Man.

— Je l'ai appris, madame, et aussi que vous aviez eu la noble hardiesse de défier le gouvernement rebelle, même lorsque toutes les autres parties de la Grande-Bretagne s'y étaient soumises. Mon mari, sir Geoffrey, avait dessein de marcher à votre secours avec quelques-uns de ses vassaux, quand nous apprîmes que l'île s'était rendue au parti du parlement, et que vous aviez été mise en prison.

— Mais vous ignorez ce qui causa ce désastre, Marguerite. J'aurais disputé à ces brigands la possession de mon île jusqu'à ce que la mer qui l'entoure se fût desséchée ; jusqu'à ce que les écueils qui l'environnent fussent devenus de bons ancrages ; jusqu'à ce que les rochers qui lui servent de ceinture se fussent fondus aux rayons du soleil ; jusqu'à ce qu'il ne fût pas resté pierre sur pierre de mes châteaux et de mes forteresses. Oui, j'aurais défendu jusqu'alors les domaines héréditaires de mon époux contre ces rebelles hypocrites ; le petit royaume de Man ne leur aurait appartenu que lorsqu'il n'y serait pas resté un bras pour lever une épée, un doigt pour faire partir la détente d'un mousquet. Mais la trahison fit ce que la force n'aurait pu faire. La trahison accomplit ce que Blake et Lawson, avec leurs châteaux flottans, avaient trouvé trop hasardeux. Un vil rebelle, nourri dans notre sein, nous livra à nos ennemis ; ce misérable se nommait Christian.

Le major Bridgenorth tressaillit à ce nom, et se retourna vers celle qui venait de le prononcer. Mais au même instant, et comme par réflexion, il reprit l'attitude qu'il avait auparavant, et parut regarder par la fenêtre. La comtesse ne fit pas attention à ce mouvement, mais il n'échappa point à lady Peveril, qui fut d'autant plus surprise de voir cette expression d'un intérêt si prononcé, qu'elle connaissait son habitude gégérale d'indifférence et d'apathie. Elle aurait voulu engager de nouveau lady Derby à passer dans un autre appartement, mais cette dame continuait à parler avec trop de véhémence pour se laisser interrompre.

— Ce Christian, dit-elle, avait mangé le pain et bu le vin de mon époux, de son souverain, depuis son enfance, car ses pères avaient été de fidèles serviteurs de la maison de Man et de Derby. Il avait lui-même combattu avec bravoure à côté du comte, et il avait joui de toute sa confiance. Lorsque mon époux reçut les honneurs du martyre par la main des rebelles, il me recommanda, entre autres instructions contenues dans la dernière lettre qu'il m'écrivit, de continuer à avoir confiance en la fidélité de Christian. Je lui obéis, quoique cet homme ne m'eût jamais plu; il était froid, flegmatique, entièrement dépourvu de ce feu sacré qui excite à de nobles actions, et soupçonné d'avoir un secret penchant pour les subtilités métaphysiques du calvinisme. Mais il était brave, prudent, plein d'expérience, et, comme l'événement le prouva, il n'avait que trop de crédit sur nos insulaires. Quand ces gens grossiers se virent sans espoir de secours, et pressés par un blocus qui avait introduit dans l'île la disette et les maladies, ils commencèrent à être moins fermes dans la fidélité dont ils nous avaient donné des preuves jusqu'alors.

— Quoi! s'écria lady Peveril, ont-ils pu oublier ce qu'ils devaient à la veuve de leur bienfaiteur, à celle qui avait partagé avec le généreux Derby le soin d'améliorer leur condition?

— Ne les blâmez pas, répondit la comtesse; ils n'ont fait qu'agir suivant leur nature; la détresse présente fait oublier aux gens de cette classe les bienfaits passés. Habitant de viles chaumières, et avec un esprit digne de leurs murs de terre, ils étaient incapables de sentir la gloire qui s'attache à la constance dans le malheur. Mais que Christian ait été le chef de cette révolte, lui né dans une classe honnête de la société, lui nourri par Derby même dans de nobles sentimens, dans des principes chevaleresques ; qu'il ait oublié cent bienfaits... et pourquoi parler de bienfaits ? qu'il ait oublié ces douces relations qui attachent l'homme bien plus fortement qu'une réciprocité d'obligations ; qu'il se soit trouvé à la tête des scélérats qui forcèrent tout à coup les portes de mon appartement ; qu'il m'ait enfermée avec mes enfans dans un de mes châteaux ; qu'il se soit érigé en maître, en tyran de mon île ; que tout cela ait été fait par William Christian, mon vassal, mon serviteur, mon ami, c'est un acte d'ingratitude et de perfidie dont ce siècle même, ce siècle de trahison, n'offre pas un second exemple.

— Et vous avez été mise en prison dans votre propre souveraineté ?

— Pendant plus de sept ans j'ai enduré une étroite captivité. A la vérité on m'offrit la liberté et même quelques moyens d'existence, si je voulais consentir à quitter l'île, et donner ma parole que je ne chercherais pas à réintégrer mon fils dans les droits qu'il tenait de son père ; mais ils ne connaissaient ni l'illustre maison de la Trémouille, dont le sang coule dans mes veines, ni la maison royale de Stanley à laquelle j'ai donné des descendans, ceux qui se flattaient de m'humilier au point de me faire consentir à une si honteuse transaction. J'aurais préféré périr d'inanition dans le plus sombre et le plus humide des cachots du château de Rushin, plutôt que d'abandonner le moindre des droits de mon fils sur la souveraineté.

— Et votre fermeté, dans un moment où tout espoir semblait perdu, ne put le déterminer à se montrer généreux; à vous rendre la liberté sans conditions?

— Ils me connaissaient mieux que vous, cousine; une fois en liberté, je n'aurais pas été long-temps sans trouver les moyens de les troubler dans leur usurpation; et Christian aurait brisé les barreaux de fer de la loge d'une lionne pour la combattre, plutôt que de me laisser la moindre chance de revenir à la charge contre lui. Mais le temps me gardait en réserve la liberté et la vengeance; j'avais encore des amis et des partisans dans l'île, quoiqu'ils fussent obligés de céder à l'orage; en général même les insulaires avaient reconnu qu'ils s'étaient trompés dans les espérances que leur avait fait concevoir un changement de maître; ils gémissaient sous le poids de mille exactions; leurs privilèges avaient été abolis sous prétexte de les mettre au même niveau que les autres sujets de la prétendue république. Quand on y reçut la nouvelle de la révolution qui vient d'arriver en Angleterre, ils trouvèrent le moyen de me faire connaître leurs sentimens, et une insurrection aussi soudaine, aussi irrésistible que celle qui m'avait rendue captive, me remit en liberté, et me rendit la souveraineté de l'île de Man, avec le titre de régente pour mon fils, le jeune comte de Derby. Croyez-vous qu'une fois rétablie dans mes droits j'aie tardé long-temps à faire justice du traître Christian?

— Comment, madame, dit lady Peveril, qui, quoiqu'elle connût l'esprit ambitieux et entreprenant de la comtesse, s'imaginait à peine à quelles extrémités il était capable de la porter, l'avez-vous fait mettre en prison ?

— Oui, cousine, dans cette prison bien sûre, d'où nul félon ne peut s'échapper.

Bridgenorth, qui s'était approché d'elles peu à peu, et qui les écoutait avec un intérêt pénible, ne put se contenir plus long-temps, et s'écria avec vivacité : — J'espère, madame, que vous n'avez pas osé...?

La comtesse l'interrompit à son tour.

— Je ne vous connais pas, vous qui vous permettez de me questionner; et vous ne me connaissez guère quand vous me parlez de ce que j'ose ou n'ose pas faire; mais puisque vous semblez prendre intérêt à ce Christian, vous allez savoir quel fut son destin. Dès que je fus rentrée en possession de mon autorité légitime, j'ordonnai au *Doomster* (1) de l'île de traduire le traître devant une haute cour de justice, en se conformant à toutes les formes prescrites par les antiques coutumes de Man. La séance de la cour se tint en plein air; les juges et les assesseurs étaient assis sur des sièges taillés dans le roc. Le criminel fut entendu dans sa défense, qui ne consista guère que dans ces allégations spécieuses de bien public, dont la trahison se sert pour voiler ses traits hideux. Il fut pleinement convaincu de son crime, et condamné à subir le sort des traîtres.

— Mais ce jugement n'est pas encore exécuté, je l'espère? s'écria lady Peveril en frémissant involontairement.

— Vous êtes une folle, Marguerite, répliqua la comtesse avec quelque aigreur; me croyez-vous femme à

(1) Le juge criminel. — Éd.

avoir attendu, pour faire un acte de justice, que quelque misérable intrigue eût déterminé la nouvelle cour d'Angleterre à intervenir dans cette affaire? Non, cousine; de la cour de justice il passa au lieu de l'exécution, sans autre délai que celui qui pouvait être nécessaire pour le salut de son ame. Il fut fusillé dans la cour du château de Peel.

Ici Bridgenorth joignit les mains, se tordit les bras, et poussa un profond gémissement.

— Comme vous paraissez prendre intérêt à ce criminel, ajouta la comtesse en se tournant vers lui, je vous dirai, pour lui rendre justice, qu'il reçut la mort avec courage et fermeté, d'une manière digne de sa vie passée, qui avait été honorable et sans reproche jusqu'à cet acte d'ingratitude et de trahison. Mais qu'importe? l'hypocrite est un saint, le traître est un homme d'honneur, jusqu'à ce que quelque occasion devienne la pierre de touche qui fait connaître le vil métal dont ils sont composés.

— Cela est faux! de toute fausseté! s'écria Bridgenorth, ne pouvant plus contenir son indignation.

— Que veut dire cette conduite, M. Bridgenorth? dit lady Peveril fort surprise. Quel intérêt si grand prenez-vous à ce Christian, pour insulter ainsi la comtesse de Derby dans ma maison?

— Ne me parlez ni de comtesse ni d'égards cérémonieux, s'écria Bridgenorth. La douleur et la colère n'ont pas le loisir de s'arrêter à des puérilités, pour satisfaire la vanité de grands enfans. O Christian! digne et bien digne du nom que tu portais (1)! Mon ami!

(1) Le mot *Christian* est un nom propre en anglais, et signifie en même temps *chrétien*. — Éd

mon frère ! le frère de ma défunte et sainte Alice ! as-tu donc été cruellement assassiné par une furie, qui, sans toi, aurait payé de son sang celui de tous les saints immolés par elle et son tyran de mari. — Oui, cruelle meurtrière, ajouta-t-il en s'adressant à la comtesse, celui que tu as assassiné dans ta soif de vengeance a sacrifié, pendant bien des années, les murmures de sa conscience à l'intérêt de ta famille, et il ne t'a abandonnée que lorsque ton zèle frénétique pour la royauté avait presque causé la ruine entière de l'île dans laquelle il était né. En t'enfermant dans un château fort, il n'a fait que ce que font les amis d'un furieux, qu'ils enchaînent pour l'empêcher d'attenter à ses jours. Je puis rendre témoignage que, sans la barrière qu'il éleva entre toi et le juste ressentiment des communes d'Angleterre, sans les vives sollicitations qu'il fit en ta faveur, tu aurais subi le châtiment de ta rébellion, comme la détestable femme d'Achab.

— M. Bridgenorth, dit lady Peveril, je puis pardonner quelque chose à l'affliction que vous éprouvez en apprenant cette malheureuse nouvelle ; mais il est aussi inutile que peu convenable de discourir plus long-temps sur un pareil sujet. Si votre chagrin vous fait oublier les autres motifs qui devraient vous inspirer une conduite différente, je vous prie de vous rappeler que la comtesse de Derby est chez moi, qu'elle est ma parente, et qu'elle a droit à toute la protection que je puis lui accorder. Je vous demande donc, uniquement à titre de politesse, de vous retirer ; c'est ce que vous pouvez faire de mieux en ce moment pénible.

— Non, qu'il reste, dit la comtesse en le regardant

avec calme, et presque d'un air de triomphe. Je ne voudrais pas qu'il en fût autrement ; je ne voudrais pas que ma vengeance se bornât à la misérable satisfaction que m'a donnée la mort de Christian. Les clameurs grossières de cet homme me prouvent que le châtiment que j'ai infligé ne se fera pas sentir seulement à celui qui l'a subi. Je voudrais savoir qu'il a percé autant de cœurs rebelles, que le meurtre de mon digne Derby a affligé de cœurs dévoués.

— Puisque le major Bridgenorth n'est pas assez poli pour se retirer quand je l'en prie, dit lady Peveril, nous le laisserons dans cet appartement, madame, et nous passerons dans le mien, si c'est votre bon plaisir. Adieu, M. Bridgenorth, j'espère vous revoir dans de meilleures dispositions.

— Pardon, madame, dit le major qui avait parcouru la chambre à grands pas, mais qui s'arrêta en ce moment, et se redressa comme un homme qui vient de prendre sa résolution ; — je ne vous parlerai jamais que dans les termes les plus respectueux, mais il faut que je parle à cette femme en magistrat. Elle vient d'avouer en ma présence qu'elle a commis un meurtre, le meurtre de mon beau-frère. Comme homme, comme magistrat, je ne dois permettre qu'elle sorte d'ici que sous bonne garde. Elle a déjà dit qu'elle était fugitive, qu'elle cherchait à se cacher : je dois empêcher qu'elle ne prenne la fuite, et qu'elle ne se réfugie en pays étranger. Charlotte, comtesse de Derby, je vous arrête comme coupable du crime dont vous venez de tirer vanité.

— Je ne me soumettrai point à ce mandat, répondit la comtesse sans montrer aucune émotion ; je suis née pour donner de tels ordres et non pour en recevoir. Qu'ont de commun vos lois anglaises avec les actes de mon gouvernement dans le royaume héréditaire de mon fils? Ne suis-je pas reine de Man, aussibien que comtesse de Derby? souveraine feudataire à la vérité, mais indépendante, tant que je rends foi et hommage. Quel droit pouvez-vous réclamer sur moi?

— Le droit que donne le précepte de l'Écriture, répliqua Bridgenorth. — Celui qui répand le sang de son prochain, son sang sera pareillement répandu. — Ne vous imaginez pas que des privilèges barbares et d'anciennes coutumes féodales puissent vous mettre à l'abri du châtiment que vous avez encouru pour avoir assassiné un Anglais pour des motifs auxquels, dans tous les cas, l'acte d'amnistie était applicable.

— M. Bridgenorth, dit lady Peveril, si je ne puis vous faire renoncer au projet que vous paraissez avoir conçu, je vous annonce que je ne permettrai pas qu'on exerce aucun acte de violence contre cette honorable dame dans l'enceinte des murs du château de mon mari.

— Vous vous trouverez hors d'état de m'empêcher d'exécuter mon devoir, madame, dit Bridgenorth, dont l'obstination naturelle venait à l'appui de son ressentiment et de son désir de vengeance; je suis magistrat, et j'agis en cette qualité.

— C'est ce que j'ignore, M. Bridgenorth, répondit lady Peveril. Je sais fort bien que vous étiez magistrat sous les autorités usurpatrices qui gouvernaient naguère le pays; mais jusqu'à ce que je sache que vous avez une commission au nom du roi, je ne crois pas devoir vous reconnaître pour tel.

— Je ne discuterai pas cette vaine question, madame, répliqua le major. Quand je ne serais pas magistrat, tout homme a le droit d'arrêter un individu coupable de meurtre au mépris des proclamations d'amnistie publiées par le roi; et rien ne m'empêchera de le faire.

— Quelle amnistie? quelle proclamation? s'écria la comtesse d'un ton d'indignation. Charles Stuart peut, si bon lui semble, et il paraît que bon lui semble en effet, admettre près de lui ces gens dont les mains sont encore teintes du sang de son père et de ses plus fidèles sujets, et qui sont gorgés de richesses acquises par le pillage; il peut leur pardonner, si tel est son bon plaisir, et compter leurs forfaits comme de loyaux services. Quel rapport tout cela peut-il avoir avec le crime commis par ce Christian contre moi et les miens? Né, élevé, domicilié dans l'île de Man, il a violé les lois du pays dans lequel il vivait, et il en a été puni, après avoir été jugé conformément à ces mêmes lois. Il me semble, Marguerite, que nous avons eu assez longtemps la visite de cet insolent et insensé magistrat. Je vous suis dans votre appartement.

Le major Bridgenorth se plaça entre elles et la porte, de manière à montrer qu'il était déterminé à leur barrer le passage. Lady Peveril, pensant qu'elle lui avait déjà témoigné en cette occasion plus de déférence que son mari ne l'approuverait probablement, éleva la voix, et appela Whitaker. Le vieil intendant, qui avait entendu parler haut, et qui avait distingué une voix de femme qu'il avait cru reconnaître, était déjà depuis quelques minutes dans l'antichambre, impatient de pouvoir satisfaire sa curiosité. On juge bien qu'il entra au même instant.

— Que trois de mes hommes prennent les armes sur-le-champ, dit lady Peveril; qu'ils se rendent dans l'antichambre, et qu'ils y attendent mes ordres.

CHAPITRE VI.

> « Oui, vous êtes mon prisonnier.
> » Votre prison sera ma chambre,
> » Et je serai votre geôlier. »
>
> Le Capitaine.

L'ordre que lady Peveril venait de donner à ses domestiques de prendre les armes était si peu d'accord avec sa douceur ordinaire, que le major Bridgenorth en fut tout surpris.

— Que veut dire cela, madame ? lui demanda-t-il. Je me croyais sous le toit d'un ami.

— Et vous ne vous trompiez pas, M. Bridgenorth, répondit lady Peveril sans perdre un instant le ton de calme et l'air de douceur qui lui étaient naturels ; mais c'est un abri qui ne doit pas être violé par l'acte de vengeance d'un ami contre un autre.

—Fort bien, madame, dit le major en se tournant du côté de la porte ;—le digne M. Solsgrace m'avait déjà prédit que nous reverrions le temps où les maisons situées sur les hauts lieux, où les noms des grands de la terre, seraient encore un abri et une excuse pour les crimes de ceux qui habitent les unes et qui portent les autres. Je ne l'avais pas cru ; mais je reconnais aujourd'hui qu'il est plus clairvoyant que moi. Ne pensez pourtant pas que je me soumette ainsi à votre volonté. Le sang de mon frère, de mon ami de cœur, ne criera pas long-temps en vain — *Que tu te fais attendre, ô Seigneur !* S'il reste une étincelle de justice dans la malheureuse Angleterre, cette femme superbe et moi nous nous verrons dans un lieu où elle n'aura pas d'amis dont la partialité la protègera.

A ces mots, il allait sortir de l'appartement, quand lady Peveril lui dit :—Vous ne quitterez pas cette maison, M. Bridgenorth, sans m'avoir donné votre parole de renoncer à tout dessein hostile contre la liberté de la comtesse, dans les circonstances présentes.

—Je signerais mon déshonneur dans les termes les plus formels, madame, répondit-il, plutôt que de consentir à une telle transaction. Si quelqu'un s'oppose à ma sortie, que son sang retombe sur sa tête.

Tandis que le major parlait ainsi, Whitaker ouvrit la porte, et fit voir que, alerte comme un vieux soldat qui n'était pas fâché de prendre encore une attitude militaire, il avait déjà amené quatre vigoureux gaillards, portant comme lui la livrée de Peveril du Pic, armés d'épées, de carabines, de justaucorps de buffle, et ayant des pistolets à leur ceinture.

— Je verrai, dit le major Bridgenorth, si quelqu'un de ces drôles sera assez hardi pour arrêter un Anglais né libre, un magistrat s'acquittant de son devoir.

En parlant ainsi, il s'avança sur Whitaker et les hommes de sa suite en portant la main sur la poignée de son épée.

— Ne soyez pas si imprudent, M. Bridgenorth, s'écria lady Peveril, et elle ajouta en même temps : —Arrêtez-le, Whitaker ; désarmez-le, mais ne lui faites pas de mal.

Cet ordre fut exécuté ; Bridgenorth ne manquait pas de résolution, mais il n'était pas de ces gens qui ne font aucune attention au nombre de leurs ennemis quand il s'agit de défendre leur liberté. Il tira son épée à demi hors du fourreau, et ne fit que la résistance nécessaire pour obliger ses adversaires à employer la violence pour le forcer à se soumettre. Il leur remit alors son arme, et déclara que, tout en se soumettant à une force à laquelle un homme seul ne pouvait résister, il rendait ceux qui l'employaient et qui en avaient donné l'ordre responsables du fait de son arrestation illégale.

— Ne vous mettez pas en peine de cela, M. Bridgenorth, dit le vieux Whitaker ; nous savons que vous avez agi plus d'une fois vous-même d'une manière plus illégale. Une parole de milady vaut tous les mandats du vieux Noll (1), et vous les avez fait exécuter assez long-temps, M. Bridgenorth ; vous m'avez fait mettre en prison pour avoir bu à la santé du roi, M. Bridgenorth ; et vous ne vous embarrassiez guère alors des lois anglaises.

(1) Noll (*Olivier*) : Olivier Cromwell. — Éd.

— Pas d'impertinences, Whitaker, dit lady Peveril ; et vous, M. Bridgenorth, ne trouvez pas mauvais que vous soyez retenu prisonnier pendant quelques heures, jusqu'à ce que la comtesse de Derby n'ait plus rien à craindre de vos poursuites. Il me serait bien facile de lui donner une escorte qui défierait toutes les forces que vous pourriez rassembler ; mais Dieu sait que je désire assoupir la mémoire des dissensions civiles, et non la réveiller. Encore une fois, réfléchissez-y bien ; voulez-vous reprendre votre épée, et oublier qui vous avez vu au château de Martindale ?

— Jamais, répondit Bridgenorth. Le crime de cette femme barbare sera, de tous les crimes commis par les hommes, le dernier que j'oublierai. Jamais je ne renoncerai au désir d'obtenir justice.

— Si tels sont vos sentimens, puisqu'ils respirent l'amour de la vengeance plus que celui de la justice, je dois pourvoir à la sûreté de mon amie en m'assurant de votre personne. On vous fournira dans cette chambre tout ce qui pourra vous être nécessaire ou agréable, et j'enverrai à Moultrassie-Hall pour que votre absence n'y cause aucune inquiétude. Dans quelques heures peut-être, dans deux jours tout au plus, je mettrai fin à votre captivité, et je vous prie de m'excuser si j'en viens, en ce moment, à une extrémité à laquelle votre obstination me contraint.

Le major ne répondit rien, si ce n'est qu'il était en son pouvoir, et qu'il devait se soumettre à ses volontés. Il se tourna alors vers la fenêtre d'un air mécontent, comme s'il eût cherché à se débarrasser de la présence des deux dames.

La comtesse et lady Peveril sortirent en se tenant par

le bras, et la dernière donna ses instructions à Whitaker sur la manière dont elle désirait que le major fût traité et gardé, lui expliquant en même temps que la sûreté de la comtesse de Derby exigeait qu'il fût surveillé de très-près.

Whitaker donna son assentiment sans réserve à la proposition de placer des gardes à toutes les portes de la chambre, et à toutes les mesures qui avaient pour but d'empêcher le prisonnier de s'échapper; mais quand il fut question de son coucher et de sa table, le vieil intendant ne se montra pas à demi si docile, et il pensa que lady Peveril avait beaucoup trop d'égards pour le major puritain. — Je vous réponds, lui dit-il, que ce coquin de Tête-Ronde a mangé hier assez de notre bœuf gras pour lui servir pour un mois, et quelques jours de jeûne lui feront grand bien. Quant à sa boisson, de par Dieu, je lui donnerai assez d'eau fraîche pour rafraîchir son sang trop échauffé par tout ce qu'il a bu hier. Et pour son lit, voilà un beau plancher bien sec, qui vaut mieux que la paille humide que j'ai trouvée quand il m'a fait jeter en prison.

— Whitaker, dit lady Peveril d'un ton d'autorité, songez à exécuter très-ponctuellement les ordres que je vous ai déjà donnés relativement à la nourriture et au coucher de M. Bridgenorth, et ne vous avisez pas de manquer de politesse envers lui.

— De par Dieu, milady, répondit Whitaker, vos ordres seront fidèlement exécutés : mais, comme ancien serviteur, je ne puis m'empêcher de vous faire connaître ma façon de penser.

Après cette conférence, les deux dames entrèrent dans l'antichambre, et passèrent ensuite dans un appartement particulièrement destiné à l'usage de la maîtresse du château, communiquant d'un côté à sa chambre à coucher, et de l'autre à une salle donnant sur le jardin. Il s'y trouvait aussi une petite porte par laquelle, après avoir monté quelques marches, on arrivait au balcon donnant sur la cuisine dont nous avons déjà parlé, et le même corridor conduisait, par une autre porte, à une tribune de la chapelle; de sorte que toutes les affaires temporelles et spirituelles du château devenaient presque au même instant soumises à l'inspection de l'œil qui devait tout surveiller.

La comtesse et lady Peveril furent bientôt assises dans la chambre que nous venons de décrire, et qui était ornée d'une belle tapisserie. La première, prenant la main de sa cousine, lui dit en souriant : — Il est arrivé aujourd'hui deux choses qui m'auraient surprise si quelque chose pouvait me surprendre maintenant. La première, c'est que cette Tête-Ronde ait osé montrer tant d'insolence dans le château de Peveril du Pic. Si votre mari est toujours le brave et honorable Cavalier que j'ai connu, et qu'il se fût trouvé chez lui, il aurait jeté le drôle par la fenêtre. Mais ce qui m'a encore plus étonnée, Marguerite, c'a été de vous voir montrer un sang-froid et un courage dignes d'un général d'armée. Je vous aurais à peine crue capable de prendre des mesures si décisives, après vous avoir vue écouter cet homme avec tant de patience. Tandis qu'il parlait de sa magistrature et de ses mandats d'arrêt, vous aviez l'air si décontenancé, qu'il me semblait déjà sentir sur mon épaule la griffe de quelque constable voulant me traîner en prison comme une vagabonde.

— Nous devons quelque déférence à M. Bridgenorth,

ma chère dame; il nous a rendu plus d'un service dans ces temps difficiles. Mais lui ni personne n'insultera la comtesse de Derby dans la demeure de Marguerite Stanley.

— Vous êtes devenue une véritable héroïne, Marguerite.

— Deux sièges et des alarmes sans nombre peuvent m'avoir donné quelque présence d'esprit, mais pour le courage, je n'en ai guère plus qu'autrefois.

— Présence d'esprit est courage, Marguerite. La véritable valeur ne consiste pas à être insensible au danger, mais à le braver et à le surmonter, et il est possible que nous ayons bientôt besoin de toute celle que nous possédons, ajouta-t-elle avec une légère émotion, car j'entends des chevaux dans la cour.

Au même instant, le petit Julien, hors d'haleine de joie, accourut dans la chambre pour annoncer que son papa venait d'arriver avec Lamington et Sam-Brewer, et qu'il lui avait permis de monter sur Black Hastings pour le conduire à l'écurie. Presque en même temps on entendit le bruit des bottes du digne chevalier, qui, dans son empressement de revoir son épouse, franchissait les escaliers deux à deux. Il entra dans l'appartement; ses traits échauffés et ses vêtemens en désordre annonçaient la célérité avec laquelle il avait voyagé. Ce ne fut qu'avec quelque difficulté que lady Peveril se dégagea de ses bras en rougissant et en lui disant d'un ton de reproche, adouci par la tendresse, de faire attention à la dame qui se trouvait dans sa chambre.

— C'est une dame, dit la comtesse en s'avançant vers lui, qui est enchantée de voir que sir Geoffrey Peveril du Pic, quoique devenu courtisan et favori, n'en apprécie pas moins le trésor qu'elle a contribué à lui assurer. Vous ne pouvez avoir oublié la levée du siège de Latham-House.

— La noble comtesse de Derby! s'écria sir Geoffrey en ôtant avec un air de respect son chapeau surmonté d'un panache, et en baisant la main qu'elle lui présentait. Je suis aussi charmé, milady, de vous voir dans ma pauvre maison, que si j'apprenais qu'on a découvert une veine de plomb dans ma mine de Bonaventure. Je suis venu en toute hâte, dans l'espoir de pouvoir vous servir d'escorte dans ce comté, car je craignais que vous ne tombassiez en mauvaises mains, ayant appris qu'un messager, porteur d'un mandat d'arrêt décerné contre vous par le conseil, était déjà parti de Londres.

— Quand avez-vous appris cette nouvelle, et de qui la tenez-vous?

— De Cholmondeley de Vale-Royal; il est parti, afin de prendre des mesures pour assurer votre passage dans le comté de Chester, et je me suis chargé de vous y conduire en sûreté. Le prince Rupert, Osmond, et nos autres amis, travaillent à vous tirer d'affaire moyennant une amende; mais on dit que le chancelier Harry Bennet, et quelques autres conseillers d'outre-mer, sont furieux de ce qu'ils appellent une violation de l'amnistie proclamée au nom du roi. Qu'ils aillent au diable! ils nous ont laissé supporter tous les coups, et maintenant ils trouvent mauvais que nous voulions régler nos comptes avec ceux qui nous ont donné si long-temps le cauchemar.

— Et quel châtiment parle-t-on de m'infliger?

— Je ne saurais trop vous le dire; nos amis, comme je vous le disais, cherchent à le faire réduire à une amende, mais les autres ne parlent de rien moins que de la Tour de Londres, et d'un long emprisonnement.

— Je suis restée en prison assez long-temps pour l'amour du roi Charles, dit la comtesse, et je n'ai nullement envie d'y retourner par ses ordres. D'ailleurs, si l'on me prive du gouvernement des domaines de mon fils dans l'île de Man, je ne sais si je n'ai pas à craindre quelque nouvelle usurpation. Je vous serai donc obligée, cousin, de chercher quelques moyens pour me faire conduire en sûreté à Vale-Royal, où je sais que je trouverai une escorte suffisante pour arriver sans danger à Liverpool.

— Comptez, noble dame, que je vous servirai de guide et d'escorte, quand même vous seriez venue dans mon château à minuit, avec la tête de ce drôle dans votre tablier, comme Judith dans les Apocryphes, que je suis charmé qu'on recommence à lire dans nos églises.

— La noblesse du second ordre est-elle nombreuse à la cour?

— Oui, madame; et comme nous le disons des mineurs dans ce comté quand ils ouvrent une mine, elle travaille *pour la grace de Dieu, et pour ce que cette grace pourra lui rendre.*

— Les anciens Cavaliers y sont-ils bien accueillis?

— Ma foi! madame, pour dire la vérité, le roi a des manières si gracieuses, qu'il fait naître l'espérance dans le cœur de tous ceux à qui il parle; mais jusqu'à présent on a vu bien peu de ces fleurs porter du fruit.

— J'espère, cousin, que du moins vous n'avez pas à vous plaindre d'avoir éprouvé de l'ingratitude? personne ne l'aurait moins mérité.

En homme prudent, sir Geoffrey ne se souciait pas

d'avouer qu'il avait conçu des espérances déçues ; mais il avait trop de franchise dans le caractère pour cacher entièrement son désappointement.

— Qui, moi ? madame ! répondit-il ; que pouvait attendre du roi un pauvre chevalier campagnard, si ce n'est le plaisir de le revoir à Whitehall, replacé sur son trône ? Sa Majesté m'a reçu de la manière la plus gracieuse lorsque je lui ai été présenté ; elle m'a parlé de la journée de Worcester, et de mon cheval Black Hastings. Il est vrai qu'elle en avait oublié le nom, et le mien aussi, je crois, car le prince Rupert fut obligé de le lui rappeler à l'oreille. J'ai revu quelques anciens amis, Sa Grace le duc d'Ormond, sir Marmaduke Langdale, sir Philippe Musgrave et plusieurs autres, et nous avons fait ripaille ensemble, une ou deux fois, à la manière de l'ancien temps.

— J'aurais cru que tant de dangers courus, tant de pertes dans votre fortune, tant de blessures reçues, méritaient quelque chose de mieux que quelques paroles mielleuses.

— Il est bien vrai, milady, que j'ai trouvé quelques amis qui avaient la même pensée. Quelques-uns étaient d'avis que la perte de tant d'acres de bonne terre valait au moins quelque récompense honorifique; et il y en avait qui prétendaient qu'un homme dont la généalogie remonte à Guillaume-le-Conquérant (pardon si je me vante ainsi devant vous, milady) pouvait porter un titre tout aussi bien que la plupart de ceux qui en ont obtenu. Mais que dit à cela le bel esprit de la cour, le duc de Buckingham, dont le grand-père était un chevalier du comté de Leicester, d'une famille valant à peine la mienne? Il dit que si l'on appelait à la pairie tous les chevaliers qui ont bien mérité du roi dans les derniers temps, il faudrait que la chambre des pairs tint ses séances dans la plaine de Salisbury.

— Et cette mauvaise plaisanterie a passé pour une bonne raison? Cela ne m'étonne pas dans un temps où de bonnes raisons passent pour de mauvaises plaisanteries. Mais voici quelqu'un avec qui il faut que je fasse connaissance.

C'était le petit Julien, plein d'une vanité enfantine après avoir reconduit seul Black Hastings à l'écurie, et qui venait, tenant Alice par la main, comme s'il l'avait amenée pour rendre témoignage à la vérité de l'exploit dont il se vantait. — Saunders, s'écriait-il, qui marchait à côté de la tête du cheval, n'avait pas mis une fois la main sur les guides, et Brewer, qui était à côté de lui, le tenait à peine par l'épaule. Sir Geoffrey prit Julien dans ses bras pour l'embrasser; et quand il l'eut remis par terre la comtesse l'appela à elle, l'embrassa sur le front, et l'examina d'un œil curieux.

— C'est un vrai Peveril, dit-elle, qui a aussi quelques traits des Stanley, comme cela devait être. Cousin, il faut que vous m'accordiez ma demande, et que, dans quelque temps, quand l'affaire actuelle sera arrangée et que je serai établie dans mon île, vous m'envoyiez ce petit Julien pour être élevé chez moi, être mon page, et le compagnon de jeux et d'études de mon petit Derby. J'espère que le ciel permettra qu'ils soient amis comme leurs pères l'ont été, et qu'il leur fera voir des temps plus heureux.

— De tout mon cœur, madame, et je vous remercie sincèrement de cette offre. Nous avons vu déchoir tant de nobles maisons, et il y en a tant d'autres où l'on a négligé et même abandonné les règles de discipline ancienne pour l'éducation des jeunes nobles, que j'ai souvent craint d'être obligé de garder Julien chez moi; et comme mon éducation à moi-même n'a pas été assez soignée pour que je puisse me charger de la sienne, il aurait couru grand risque de n'être toute sa vie qu'un chevalier chasseur du comté de Derby. Mais dans votre maison, milady, et près du noble jeune comte votre fils, il recevra toute l'éducation que je lui désire, et mieux encore.

— Il n'y aura entre eux aucune distinction, cousin, dit la comtesse; le fils de Marguerite Stanley sera l'objet de mes soins aussi bien que le mien, puisque vous voulez bien me le confier. Vous pâlissez, Marguerite, et j'aperçois une larme dans vos yeux. Quelle folie! ce que je vous demande est plus avantageux pour votre fils que tout ce que vous pourriez désirer, car la maison de mon père, le duc de La Trémouille, était la plus célèbre école de chevalerie de toute la France, et je n'en ai pas dégénéré; je n'ai souffert chez moi aucun relâchement de cette noble discipline qui habituait les jeunes gens à faire honneur à leur race. Vous ne pouvez vous promettre les mêmes avantages pour votre Julien, si vous vous bornez à l'élever en gentilhomme campagnard.

— Je sens toute l'importance de cette faveur, madame, dit lady Peveril, et je dois consentir à une proposition qui nous honore et qui a déjà obtenu l'approbation de sir Geoffrey. Mais Julien est un fils unique, et...

— Un fils unique, dit la comtesse, mais non pas votre unique enfant. Vous faites trop d'honneur à nos maîtres, du sexe masculin, si vous souffrez que Julien s'empare de toute votre affection, et que vous n'en réserviez pas pour cette jolie enfant.

A ces mots, elle mit Julien par terre, et prenant sur ses genoux Alice Bridgenorth, elle commença à la caresser. Malgré le caractère mâle de la comtesse, il y avait quelque chose de si doux dans le son de sa voix et dans l'expression de ses traits, que l'enfant lui sourit tout à coup et répondit à ses caresses. Cette méprise embarrassa beaucoup lady Peveril. Connaissant le caractère impétueux de son mari, son dévouement à la mémoire du feu comte de Derby, et sa vénération non moins grande pour sa veuve, elle fut alarmée des conséquences que pouvait avoir le compte qu'il fallait bien lui rendre de la conduite de Bridgenorth, et elle désirait beaucoup pouvoir l'en instruire elle-même, en particulier, et après l'avoir préparé à l'apprendre. Mais l'erreur de la comtesse amena une explication plus précipitée.

— Cette belle enfant ne nous appartient pas, madame, répondit sir Geoffrey. Je voudrais qu'elle nous appartînt. C'est la fille d'un de nos proches voisins, un brave homme, et, pour dire la vérité, un bon voisin, quoique dans ces derniers temps il se soit laissé entraîner hors du droit chemin par un maudit presbytérien, qui prend le titre de ministre, et que j'espère avoir le plaisir d'abattre incessamment de son perchoir, avec avis de prendre garde à lui. Il a été assez longtemps le coq du poulailler. Nous ne manquerons pas de baguettes trempées dans le vinaigre pour secouer son manteau de Genève: c'est ce que je puis promettre à ce drôle à face de carême. Mais quant à cette belle enfant, c'est la fille de Bridgenorth, du voisin Bridgenorth de Moultrassie-Hall.

— Bridgenorth! répéta la comtesse; je croyais connaître le nom de toutes les familles honorables du comté de Derby, et je ne me rappelle nullement celui de Bridgenorth. Mais un moment; n'y avait-il pas dans le comité des séquestres un homme qui portait ce nom? A coup sûr ce ne peut être lui.

Ce ne fut pas sans éprouver une sorte de honte que Peveril répondit: — Pardonnez-moi, milady; c'est précisément l'homme dont vous parlez, et vous pouvez concevoir avec quelle répugnance je me suis décidé à recevoir de bons offices d'un homme de cette trempe. Mais si je ne l'eusse fait, je ne sais où j'aurais trouvé un abri pour la tête de Marguerite.

Tandis qu'il parlait ainsi, la comtesse remit à terre la petite Alice, et la plaça doucement sur le tapis, quoique l'enfant parût évidemment désirer de rester sur ses genoux, désir auquel la souveraine de Man aurait certainement cédé si Alice avait reçu le jour de parens patriciens et royalistes.

— Je ne vous blâme pas, lui dit-elle; personne ne sait jusqu'où la tentation peut nous faire descendre; et cependant je croyais que Peveril du Pic aurait préféré habiter une caverne, plutôt que d'avoir une obligation à un régicide.

— Mon voisin ne vaut pas grand'chose, madame, dit le chevalier, mais il vaut pourtant mieux que vous ne le pensez. C'est un Presbytérien, je dois en convenir, mais ce n'est pas un Indépendant (1).

(1) Les presbytériens, considérés comme parti politique, se se-

— C'est une variété du même monstre, répliqua la comtesse. Les premiers conduisaient la chasse et sonnaient du cor; ils poursuivaient et garrottaient la victime que les seconds égorgeaient. De ces deux sectes, je préfère les Indépendans. Ce sont du moins des scélérats audacieux, et s'ils sont sans pitié ils ne cherchent pas à se couvrir d'un masque. Ils ressemblent davantage au tigre, et moins au crocodile. Je ne doute pas que le digne personnage qui a pris sur lui ce matin de...

Elle s'arrêta à ces mots, car elle vit dans les traits de lady Peveril une sorte d'embarras et même de mécontentement.

— Je suis la plus malheureuse des femmes, ajouta-t-elle; j'ai dit quelque chose qui vous contrarie, Marguerite, et je ne sais pourquoi. Je suis ennemie de tout mystère, et il ne doit pas en exister entre nous.

— Il n'en existe aucun, madame, répondit lady Peveril avec un peu d'impatience; je n'attendais qu'une occasion pour informer mon mari de ce qui est arrivé. M. Bridgenorth était malheureusement ici, sir Geoffrey, lors de ma première entrevue avec lady Derby, et il a cru qu'il était de son devoir de...

— De quoi faire? s'écria le chevalier. Vous avez toujours été trop disposée, madame, à souffrir les usurpations de pareilles gens.

— Je veux dire seulement que comme la personne... celui dont lady Derby me racontait l'histoire, était le

---

raient contentés de quelques concessions du monarque : ils ne demandaient en fait de liberté que la liberté de conscience. Les indépendans étaient plus exigeans : ils ne voulaient rien moins que l'abolition de la monarchie; et en fait de religion ils les admettaient toutes dans leurs rangs. — Éd.

frère de sa défunte femme, il l'a menacée... quoique je ne puisse croire qu'il parlait sérieusement...

— Il l'a menacée! menacer la comtesse de Derby dans ma maison! la veuve de mon ami, la noble Charlotte de Latham-House! De par le ciel! le coquin de Tête-Ronde m'en fera raison! Comment se fait-il que mes valets ne l'aient pas jeté par la fenêtre?

— Hélas! sir Geoffrey, vous oubliez les obligations que nous lui avons.

— Les obligations, s'écria le chevalier avec encore plus d'indignation; car, tout occupé d'un seul objet, il s'imagina que sa femme voulait parler d'obligations pécuniaires; si je lui dois quelque argent, n'a-t-il pas toutes ses sûretés? A-t-il pour cela le droit de venir dicter des lois et jouer le rôle de magistrat dans le château de Martindale? Où est-il? Qu'en avez-vous fait? Je veux... il faut absolument que je lui parle.

— Calmez-vous, sir Geoffrey, dit la comtesse, qui vit alors le motif des appréhensions de sa parente, et soyez bien sûr que je n'ai eu besoin d'aucun chevalier pour me défendre contre ce discourtois *faitour* (1), comme l'auteur de la Mort d'Arthur l'aurait appelé. Je vous garantis que ma parente en a fait complètement justice; et je suis si charmée de devoir entièrement ma délivrance à son courage, que je vous ordonne, comme à un loyal chevalier, de ne pas intervenir dans une aventure qui appartient à un autre.

Lady Peveril, qui connaissait le caractère impatient et irritable de son mari, et qui voyait sa colère s'enflammer, raconta alors toute l'histoire et lui mit sous

(1) Ancien mot normand. Terme de mépris. — Éd.

les yeux, de la manière la plus simple et la plus claire, la conduite de M. Bridgenorth, et les causes qui y avaient donné lieu.

— J'en suis fâché, dit le chevalier; je lui croyais plus de bon sens, et j'espérais que les heureux changemens survenus depuis peu auraient produit sur lui quelque bon effet. Mais vous auriez dû m'en informer plus tôt; mon honneur ne me permet pas de le garder prisonnier ici, comme si je craignais rien de ce qu'il pourrait entreprendre contre la noble comtesse tandis qu'elle est dans mon château, ou à une distance de vingt milles.

A ces mots, il salua la comtesse, et se rendit sur-le-champ dans la chambre dorée, laissant lady Peveril dans la plus vive inquiétude de ce qui pourrait se passer entre deux hommes d'un caractère aussi fougueux que celui de son mari et aussi opiniâtre que celui de Bridgenorth. Elle aurait pu s'épargner cette crainte, car la rencontre ne devait pas avoir lieu.

Quand sir Geoffrey, ayant congédié Whitaker et ses sentinelles, fut entré dans cet appartement, où il comptait trouver le captif, le major n'y était plus, et il était facile de voir de quelle manière il s'était échappé. Dans le trouble du moment, ni lady Peveril, ni Whitaker, seules personnes qui connussent le secret du panneau glissant, n'avaient songé qu'il pouvait donner passage au prisonnier. Il était probable que la comtesse en le fermant n'avait pas pris toutes les précautions nécessaires pour en cacher la place, que Bridgenorth l'avait découvert, et qu'étant parvenu à l'ouvrir, il avait pénétré dans l'appartement secret dans lequel il conduisait, et d'où il était arrivé à la poterne du château par un étroit passage pratiqué dans l'épaisseur des murs. Cela n'avait rien d'extraordinaire dans les anciens châteaux, où les barons étaient exposés à tant de revers de fortune, qu'ils avaient presque toujours soin de se ménager les moyens de quitter secrètement leur forteresse pour gagner quelque autre lieu de retraite. Ce qui prouvait que c'était ainsi que le major était parti du château, c'était que les portes du passage secret conduisant à la poterne étaient restées ouvertes, aussi-bien que le panneau de la chambre dorée.

Sir Geoffrey alla rejoindre les deux dames avec un air d'inquiétude. Tant qu'il avait cru pouvoir trouver Bridgenorth, il n'avait éprouvé aucune crainte parce qu'il se sentait supérieur à lui par sa force, comme par cette espèce de courage qui porte un homme à se jeter sans hésiter au-devant de tous les dangers. Mais il avait été depuis tant d'années habitué à regarder le pouvoir et l'influence de Bridgenorth comme quelque chose de formidable, et, malgré le changement survenu depuis peu dans la situation des affaires publiques, il envisageait encore si naturellement son voisin comme un ami puissant ou un ennemi dangereux, qu'en le voyant parti il conçut plus d'alarmes pour la sûreté de la comtesse qu'il ne voulait se l'avouer à lui-même. La comtesse remarqua son air soucieux, et lui demanda s'il pensait que sa présence au château pût lui causer quelque embarras ou l'exposer à quelque danger.

— L'embarras serait le bien-venu, répondit sir Geoffrey, et le danger le serait encore davantage, arrivant pour une telle cause. Mon plan était de vous prier, milady, d'honorer de votre présence le château de Martindale pendant quelques jours, et vous auriez pu y rester, sans que personne s'en doutât, jusqu'à ce qu'on se fût lassé de vous chercher. Si j'avais trouvé ce Bridgenorth, je ne doute pas que je ne l'eusse forcé à agir avec discrétion; mais il est échappé, il aura soin de se tenir hors de ma portée, et ce qu'il y a de plus fâcheux, c'est qu'il connaît le secret de la chambre du prêtre.

Sir Geoffrey s'interrompit en ce moment et parut embarrassé.

— Vous ne pouvez donc ni me cacher ni me protéger? dit la comtesse.

— Pardonnez-moi, milady, répondit le chevalier, mais permettez-moi de continuer. La vérité, c'est que cet homme a beaucoup d'amis parmi les presbytériens de ce canton, beaucoup plus que je ne le voudrais; s'il rencontre le porteur du mandat décerné contre vous par le conseil privé, il est probable qu'il reviendra avec une force suffisante pour essayer de le mettre à exécution, et je doute que nous puissions rassembler à la hâte un assez grand nombre d'amis pour résister avec quelque espoir de succès.

— Je ne voudrais pas, sir Geoffrey, dit la comtesse, que mes amis prissent les armes en mon nom pour s'opposer à l'exécution d'un mandat du roi.

— Quant à cela, milady, répliqua Peveril, s'il plaît au roi de lancer des mandats contre ses meilleurs amis, il doit compter qu'on y résistera. Mais ce qu'il y a de mieux à faire, à mon avis, dans cette circonstance, quoique cette proposition ne soit pas tout-à-fait conforme aux règles de l'hospitalité, c'est que vous montiez à cheval sur-le-champ, si vous n'êtes pas trop fatiguée, et que je vous escorte avec quelques braves gens qui vous conduiront en sûreté à Vale-Royal, quand même le shérif, avec toute sa bande, voudrait nous disputer le passage.

La comtesse de Derby goûta cet avis. Elle avait, dit-elle, parfaitement reposé la nuit précédente, dans l'appartement secret où Ellesmere l'avait conduite; et elle était prête à se remettre en route, ou à reprendre la fuite; car elle ne savait, ajouta-t-elle, de laquelle de ces deux expressions elle devait se servir.

Lady Peveril versa des larmes sur la nécessité qui forçait l'amie et la protectrice de sa jeunesse à fuir avec précipitation de sa maison, dans un moment où l'adversité semblait obscurcir l'horizon pour elle; mais le soin de la sûreté de la comtesse ne lui laissait pas d'autre alternative. On peut même dire que, malgré tout son attachement pour cette dame, elle ne pouvait être très-fâchée de son départ précipité, quand elle songeait aux inconvéniens et même aux dangers que sa présence dans un tel moment et dans de telles circonstances pouvait attirer sur un homme aussi intrépide et aussi bouillant que sir Geoffrey Peveril.

Tandis que lady Peveril prenait toutes les mesures que permettaient le temps et les conjonctures, pour que la comtesse pût se remettre en route, son mari, dont l'enthousiasme redoublait toujours à l'approche d'une action, donnait ordre à Whitaker de rassembler à la hâte quelques braves gens déterminés, et armés de toutes pièces. — Prenez mes deux laquais, dit-il, Lance-Outram, Saunders, le palefrenier, Roger Raine et son garçon; mais recommandez à Roger de ne pas trop boire avant de partir. Vous serez du nombre, bien entendu, et il n'y aura pas de mal d'aller dire au jeune Dick Wildblood de venir avec trois ou quatre de ses gens.

Nous serons bien assez nombreux pour faire face aux forces qu'ils pourront rassembler. Tous ces gens-là ont des bras qui frapperont ferme, sans demander pourquoi; leurs bras valent mieux que leurs langues, et leurs bouches sont faites pour boire plutôt que pour parler.

Whitaker, apprenant le motif de cette levée de boucliers, demanda à son maître s'il n'avertirait pas aussi sir Jasper Cranbourne.

— Ne lui en dites pas un mot, sur votre vie! s'écria le chevalier. Il peut résulter de tout ceci des confiscations, des amendes, et je ne veux mettre en péril les biens de personne que les miens. Sir Jasper a eu assez à souffrir pendant bien des années, et, si cela dépend de moi, il passera le reste de ses jours en paix.

CHAPITRE VII.

FANG.
« Au secours! au secours!

MISTRESS QUICKLY.
» Braves gens, au secours ! Venez plutôt deux qu'un. »
SHAKSPEARE. *Henry IV*, partie I.

Tous ceux qui composaient la suite de Peveril du Pic étaient si habitués à entendre les mots *en selle !* que l'escorte commandée pour la comtesse de Derby dans la partie montagneuse et presque déserte de ce comté, limitrophe avec celui de Chester, fut bientôt prête, rangée en bon ordre, et avec cet air réservé que donne la possibilité du danger. La cavalcade marcha avec les précautions auxquelles avait habitué l'expérience acquise pendant les guerres civiles. Un cavalier prudent et bien monté précédait d'environ trois cents pas le corps de la troupe, et deux autres cavaliers marchaient la carabine en avant et prêts à faire feu, si besoin en était. La comtesse de Derby, à cent cinquante pas plus près, montait le palefroi de lady Peveril, car le sien était trop fatigué du voyage qu'elle avait fait de Londres au château de Martindale, suivie d'un écuyer sur la fidélité duquel elle pouvait compter, et d'une femme de chambre ; elle s'avançait au centre, gardée par sir Geoffrey Peveril du Pic, et par trois files d'hommes bien armés, aussi déterminés que vigoureux. Whitaker et Lance-Outram composaient l'arrière-garde, comme hommes de confiance, et chargés de couvrir la retraite. Ils marchaient, suivant le proverbe espagnol, la barbe sur l'épaule, c'est-à-dire regardant autour d'eux de temps en temps, et prenant toutes les mesures nécessaires pour apercevoir le plus promptement possible les ennemis qui pourraient les poursuivre.

Mais quelque habile qu'il fût dans la discipline militaire, Peveril ne brillait pas autant du côté de la politique administrative. Quoique sans aucune nécessité apparente, il avait expliqué à Whitaker la nature précise de leur expédition, et Whitaker ne fut pas moins communicatif à l'égard de son compagnon Lance-Outram.

— Voilà qui est étrange! M. Whitaker, dit le garde forestier quand il eut appris ce dont il s'agissait ; et je voudrais que vous, qui êtes un homme savant, vous puissiez m'expliquer comment, tandis que depuis vingt ans nous n'avons fait autre chose que souhaiter le retour du roi, prier pour le roi, combattre pour le roi, mourir pour le roi, la première chose que nous ayons à faire, lors de son retour, soit d'endosser nos cuirasses pour empêcher l'exécution d'un ordre du roi.

— Jeune barbe, dit Whitaker, est-ce là tout ce que vous savez du fond de l'affaire? Dès le commencement, nous nous sommes battus pour le roi, contre ses ordres; car je me souviens que toutes les proclamations de ces enragés étaient toujours faites au nom du roi et du parlement.

— Ah! voilà donc ce que c'est! Eh bien, s'il faut recommencer si tôt à battre le gibier, et à envoyer, au nom du roi, des mandats contre ses fidèles sujets, vive notre brave maître, qui est homme à en faire des bourres de fusil; et si Bridgenorth s'avise de nous donner la chasse, je ne serai pas fâché pour mon compte d'avoir un mot à lui dire.

— Et pourquoi? c'est un Puritain et une Tête-Ronde, mais il est bon voisin. Que vous a-t-il donc fait?

— Il a braconné sur mes terres.

— Lui! du diable si j'en crois rien. Tu badines sans doute. Bridgenorth ne chasse ni au poil ni à la plume; le sang qui coule dans ses veines n'est pas fait pour cela.

— Cela se peut bien, Whitaker; mais il chasse un gibier auquel vous ne pensez guère, avec sa face de vinaigre qui effraierait les enfans et qui ferait tourner le lait des nourrices.

— Quoi! veux-tu dire qu'il court après les filles? Il n'a fait que gémir depuis la mort de sa femme. Tu sais que notre maîtresse a pris son enfant de crainte qu'il ne l'étranglât dans un de ses accès, parce que sa vue lui rappelait sa mère. Avec sa permission, et soit dit entre nous, il ne manque pas d'enfans de pauvres Cavaliers, dont elle aurait mieux fait de prendre soin. Mais revenons-en à ton histoire.

— Mon histoire ne sera pas longue. Vous pouvez avoir remarqué, M. Whitaker, qu'une certaine mistress Debora a montré certaines dispositions assez favorables pour une certaine personne qui demeure dans une certaine maison.

— Pour toi, tu veux dire, Lance-Outram. Tu es le fat le plus vain...

— Fat! Pas plus tard qu'hier soir, toute la maison ne l'a-t-elle pas encore vue se jeter à ma tête, comme on dit.

— Je voudrais donc qu'elle eût été une brique, et qu'elle t'eût brisé le crâne pour te punir de ton impertinence et de ton amour-propre.

— A la bonne heure; mais écoutez-moi. Ce matin, comme j'entrais dans le parc pour tuer un daim, jugeant qu'un peu de venaison ne ferait pas de mal au garde-manger, après le gala d'hier, et comme je passais sous les croisées de la chambre des enfans, je ne fis que lever les yeux en l'air pour voir ce que faisait madame la gouvernante; et à peine m'eut-elle aperçu, que je la vis à travers la croisée mettre son bonnet et son capuchon. Bientôt elle ouvrit la porte du jardin, et je me doutai qu'elle voulait le traverser et venir dans le parc par la brèche. Ah! ah! pensai-je, mistress Debora, si vous êtes si disposée à danser au son de ma flûte, je vous jouerai une courante avant que vous m'attrapiez. Ainsi je m'en vins à Ivy-Tod-Dingle, où le taillis est si épais et le terrain si marécageux, et je tournai ensuite vers Haxley-Bottom, pensant toujours qu'elle me suivait, et riant dans ma barbe de la promenade que je lui faisais faire.

— Vous auriez mérité qu'on vous fît prendre un bain

dans la mare pour votre peine. Mais quel rapport ce conte de Jean avec sa lanterne (1) a-t-il avec Bridgenorth ?

— C'est que c'était lui, c'était Bridgenorth, qui était cause qu'elle ne me suivait point, morbleu ! D'abord je marchai plus doucement, puis je m'arrêtai ; ensuite je tournai doucement la tête ; enfin je commençai à ne savoir ce qu'elle était devenue, et à penser que je m'étais conduit à peu près comme un âne.

— C'est ce que je nie ; il n'y a pas un âne qui se fût conduit ainsi. Mais continue.

— Eh bien, je me tournais du côté du château, comme si j'avais saigné du nez, et tout près de Copely-Thorn, qui est, comme vous le savez, à une portée d'arbalète de la poterne, j'aperçus madame Debora en conférence avec l'ennemi.

— Quel ennemi ?

— Quel ennemi ? parbleu ! Bridgenorth. Ils semblaient chercher à se cacher dans le taillis ; mais, morbleu ! pensai-je, j'aurai bien du malheur si je ne puis vous débusquer comme j'ai débusqué plus d'un daim : ou sinon je pourrais donner mes flèches pour en faire des broches à pouding. Je fis donc un circuit pour les surprendre à l'improviste ; et puissé-je ne jamais bander un arc, si je ne l'ai pas vu mettre de l'or dans la main de Debora !

— Est-ce tout ce que tu as vu se passer entre eux ?

— C'en était ma foi bien assez pour me faire chanter sur un ton plus bas. Quoi ! lorsque je croyais que la plus jolie fille du château ne dansait qu'à l'air de mon sifflet,

---

(1) *Jack a lantern.* — Éd.

elle m'en donnait à garder, et elle faisait la contrebande dans un coin avec un vieux et riche puritain.

— Crois-moi, Lance-Outram, ce n'est pas ce que tu penses. Bridgenorth ne se soucie guère de toutes ces fantaisies amoureuses, et tu ne penses pas à autre chose. Mais il est bon que notre maître sache qu'il a parlé à Debora en secret et qu'il lui a donné de l'or; car c'est ce qu'aucun puritain n'a jamais fait, à moins qu'il ne fût question de récompenser quelque service rendu au diable, ou d'engager à lui en rendre.

— Je ne suis pas capable, Whitaker, d'aller faire un rapport à notre maître contre cette pauvre fille. Après tout, elle a le droit de se passer ses fantaisies, comme disait la dame qui caressait sa vache. Tout ce que je puis dire, c'est qu'elle aurait pu mieux choisir. Il me semble qu'une physionomie de verjus, de gros sourcils cachés sous un chapeau à larges bords, et un squelette couvert d'un vieil habit noir, n'exposent pas à de bien fortes tentations.

— Je te dis encore une fois que tu te trompes; qu'il ne peut y avoir entre eux et qu'il n'y a aucune faribole d'amourettes. C'est sans doute quelque intrigue qui concerne la noble comtesse de Derby. Je te dis qu'il faut que notre maître le sache, et il le saura à l'instant.

A ces mots, et en dépit de toutes les remontrances que Lance-Outram continuait à lui faire en faveur de mistress Debora, l'intendant donna un coup d'éperon à son cheval, alla rejoindre le corps principal de la petite armée, et raconta au chevalier et à la comtesse ce qu'il venait d'apprendre du garde forestier, sans oublier d'y ajouter qu'il soupçonnait M. Bridgenorth de Moultrassie-Hall de vouloir établir un système d'espionnage au château de Martindale, soit afin d'assurer la vengeance dont il avait menacé la comtesse de Derby pour avoir ordonné la mort de son frère, soit dans quelque autre intention inconnue, mais également sinistre.

Cette nouvelle porta au plus haut degré le ressentiment du chevalier du Pic. D'après les préventions de son parti, il supposait que la faction qui lui était opposée suppléait par l'astuce et l'intrigue à ce qui lui manquait du côté de la force, et il en conclut, sans plus réfléchir, que son voisin, dont il respectait toujours et dont il craignait même quelquefois la prudence, entretenait, dans de mauvais desseins, une correspondance clandestine avec une personne demeurant dans sa maison. Si ces desseins étaient dirigés contre sa noble parente, c'était une trahison inspirée par la présomption ; et s'il voyait l'affaire sous le même point de vue que Lance-Outram, c'est-à-dire comme une intrigue criminelle avec une femme attachée de si près à la personne de lady Peveril, c'était le comble de l'impertinence, un manque de respect impardonnable de la part d'un homme comme Bridgenorth. L'une ou l'autre hypothèse contribuait donc également à enflammer sa colère.

Whitaker avait à peine regagné son poste à l'arrière-garde, qu'il le quitta de nouveau, et revint à toute bride vers son maître pour lui annoncer la nouvelle désagréable qu'ils étaient poursuivis par un corps de dix hommes à cheval, tout au moins.

— En avant vers Hartley-Nick, et au grand galop ! s'écria le chevalier ; là, avec l'aide de Dieu, nous attendrons les coquins. Comtesse de Derby, un mot, et il sera court. Adieu! Partez en avant avec Saunders et un autre de mes gens, et fiez-vous à moi pour empêcher que personne ne vous marche sur les talons.

— Je resterai avec vous, dit la comtesse; je les attendrai avec vous. Vous me connaissez depuis long-temps, et vous savez que le bruit des armes ne m'effraie pas.

— Il faut que vous partiez en avant, madame, répliqua sir Geoffrey; il le faut pour l'intérêt du jeune comte et du reste de la famille de mon noble ami. Il n'y a rien ici qui mérite d'attirer vos regards. Une affaire contre de tels misérables ne sera qu'un jeu d'enfans.

La comtesse, quoique avec une répugnance évidente, consentit à continuer sa route. Ils arrivèrent bientôt au bas d'Hartley-Nick, défilé rocailleux et escarpé, où le chemin, ou plutôt le sentier, qui avait traversé jusque-là un pays assez découvert, devenait très-étroit, étant bordé d'un côté par un taillis fort épais, et de l'autre par le lit profond d'une rivière descendant d'une montagne.

La comtesse de Derby, après avoir fait à sir Geoffrey des adieux pleins d'affection, et l'avoir prié de la rappeler au souvenir de son petit page futur et de son amie, gravit le défilé au grand trot, et s'éloigna avec les deux gardes qui lui servaient d'escorte. A peine l'avait-on perdue de vue qu'on vit paraître ceux qui la poursuivaient; et sir Geoffrey divisa sa troupe de manière à occuper trois points différens du défilé.

Ceux qui arrivaient avaient à leur tête le major Bridgenorth, comme sir Geoffrey l'avait prévu. A côté de lui était un homme vêtu en noir et ayant sur le bras une plaque d'argent sur laquelle était gravé un lévrier. Ils étaient suivis de huit à dix habitans du village de Martindale-Moultrassie, dont deux ou trois étaient des officiers subalternes de la justice de paix; les autres étaient des fauteurs bien connus du gouvernement qui venait d'être renversé.

Lorsqu'ils furent à portée de la voix, sir Geoffrey leur cria d'arrêter; mais, comme ils continuaient à avancer, il ordonna à ses gens de les coucher en joue, et, après avoir pris cette attitude menaçante, il répéta d'une voix de tonnerre : — Halte ! ou nous faisons feu !

Ils s'arrêtèrent sur-le-champ, et le major s'avança seul, comme pour entrer en pourparler.

— Eh bien ! voisin, qu'est-ce à dire ? lui demanda sir Geoffrey, comme s'il ne l'avait reconnu qu'alors; où courez-vous si vite ce matin ? ne craignez-vous pas de rendre votre cheval poussif, ou de gâter vos éperons ?

— Sir Geoffrey, répondit le major, je n'ai pas le temps de plaisanter en ce moment; je suis en marche pour les affaires du roi.

— Êtes-vous bien sûr que ce n'est pas pour celles du vieux Noll, voisin ? Vous aviez coutume de vous en charger assez souvent. Et le chevalier accompagna ces paroles d'un sourire ironique qui excita de grands éclats de rire parmi les hommes de sa suite.

— Montrez-lui votre mandat, dit Bridgenorth à l'homme à la plaque, qui était un poursuivant d'armes; et prenant lui-même cette pièce, il la présenta à sir

Geoffrey en lui disant : — J'espère du moins que vous y aurez égard.

— Autant que vous y en auriez eu vous-même il y a un mois, répondit le chevalier en déchirant le mandat en mille pièces. Eh bien! pourquoi diable me regardez-vous avec cet air de surprise? Croyez-vous avoir le monopole de la rébellion ? Pensez-vous que nous ne puissions pas montrer à notre tour un petit brin de désobéissance ?

— Laissez-nous passer, sir Geoffrey Peveril, ou vous me forcerez à faire ce dont j'aurais bien du regret. Je suis en cette affaire le vengeur du sang d'un des saints de Dieu, et je poursuivrai ma proie tant que le ciel me laissera un bras pour m'ouvrir un chemin.

— Il ne vous en ouvrira par ici qu'à votre péril, M. Bridgenorth. Je suis sur mon terrain; j'ai été assez harassé depuis vingt ans par les saints, puisque vous vous donnez ce nom ; et je vous dis que ce ne sera jamais avec impunité que vous violerez l'asile que peut offrir ma maison, que vous poursuivrez mes amis sur mon territoire, et que vous corromprez mes domestiques. Or, vous avez fait tout cela; je vous respecte encore pourtant, à cause de certains bons offices que je n'ai dessein ni de nier ni d'oublier, et vous aurez de la peine à me déterminer à tirer l'épée ou à diriger un pistolet contre vous ; mais, si vous avancez d'un pas, si vous faites un seul mouvement hostile, comptez que je ne vous manquerai pas. Quant à ces coquins qui s'avisent de venir poursuivre une noble dame sur mes terres, si vous ne leur ordonnez de se retirer, j'en enverrai quelques-uns au diable un peu plus tôt qu'il ne les attend.

— Faites-nous place à votre péril ! s'écria le major

Bridgenorth en portant la main sur son pistolet d'arçon. Sir Geoffrey se précipita sur lui à l'instant, le saisit par le collet, et donna un coup d'éperon à Black-Hastings, en serrant en même temps les rênes, de sorte que le cheval, faisant une courbette, fit porter tout le poids de son poitrail sur le coursier de Bridgenorth. Un bon soldat se serait débarrassé de son adversaire par un coup de pistolet; mais, quoiqu'il eût servi quelque temps dans l'armée du parlement, le major n'avait ni la présence d'esprit ni le courage d'un militaire de profession. Il n'était d'ailleurs ni aussi bon écuyer ni doué des mêmes forces que son antagoniste, et il lui manquait surtout ce caractère bouillant et cette résolution presque aveugle qui faisaient que sir Geoffrey se précipitait toujours au-devant du danger. Ils luttèrent donc un instant ensemble d'une manière qui ne répondait guère à leur ancienne connaissance et à leurs relations journalières comme voisins, et il n'est pas surprenant que Bridgenorth fut renversé de son cheval avec violence. Tandis que sir Geoffrey sautait à bas du sien, la troupe du major accourut au secours de son chef, et celle du chevalier se disposa à bien recevoir ses adversaires. Les lames furent dégainées, et les bras tendus des deux côtés se présentèrent réciproquement le pistolet. Mais sir Geoffrey, d'une voix retentissante comme celle d'un héraut, ordonna aux deux partis de poser les armes, et de ne pas en venir à des voies de fait.

Le poursuivant d'armes profita de cette ouverture, et trouva bientôt une raison pour ne pas persister à vouloir s'acquitter d'une mission si dangereuse. — Son mandat n'existait plus, dit-il; ceux qui l'avaient détruit en seraient responsables au conseil; mais quant à lui, n'en étant plus porteur, il ne pouvait faire un pas de plus.

— C'est bien parler, et en homme pacifique, dit sir Geoffrey. Whitaker, conduisez-le au château, et qu'on lui donne des rafraîchissemens ; sa pauvre bête n'en peut plus. Allons, voisin Bridgenorth, relevez-vous ; j'espère que vous ne vous êtes pas blessé en tombant, dans cette sotte affaire ? Je ne vous aurais pas touché si vous n'aviez mis la main sur votre pistolet.

En parlant ainsi, il aida le major à se relever, tandis que le poursuivant se retirait, emmenant avec lui les officiers de justice, qui n'étaient pas sans avoir quelque pressentiment que, quoique Peveril du Pic se trouvât en ce moment en opposition directe à l'exécution d'un mandat légal, il était probable que la connaissance de ce délit appartiendrait à des juges qui lui seraient favorables, et que, par conséquent, leur intérêt personnel était peut-être de lui céder plutôt que de lui résister ; mais leurs autres adversaires, amis de Bridgenorth, et professant les mêmes principes, ne reculèrent pas d'un pas, et, les yeux fixés sur leur chef, ils semblaient décidés à régler leur conduite sur la sienne.

Mais il était évident que Bridgenorth n'avait nulle envie de renouveler la contestation. Il repoussa assez rudement la main de sir Geoffrey, qui l'aidait à se relever, mais ce ne fut pas pour porter la sienne sur son épée ; au contraire, il remonta sur son cheval d'un air sombre et abattu, et faisant un signe à ceux qui l'avaient accompagné, il reprit avec eux le même chemin par où ils étaient venus.

Pendant qu'il s'éloignait, sir Geoffrey le regarda quelques instans : — Voilà un homme, dit-il, qui aurait été brave et honnête s'il n'eût été presbytérien ; mais il n'y a pas de cordialité chez eux ; ils ne peuvent pardonner une chute sur le gazon ; ils conservent de la rancune, et c'est ce que je déteste autant qu'un habit noir et un bonnet de Genève, avec deux longues oreilles s'élevant de chaque côté comme deux cheminées aux deux bouts d'une maison couverte en chaume. Avec cela ils sont rusés comme le diable ; c'est pourquoi, Lance-Outram, prenez avec vous deux de vos compagnons, et suivez-les de loin, de peur qu'ils ne tournent sur le flanc, et qu'ils ne se remettent sur la piste de la comtesse.

— J'aimerais autant qu'ils fussent sur celles de la biche favorite de milady, répondit le garde forestier dans l'esprit véritable de sa profession. Il exécuta ensuite les ordres de son maître, en suivant le major à quelque distance, et en observant sa marche du haut des montagnes qui commandaient le pays ; mais il fut bientôt évident que les ennemis ne songeaient à faire aucune manœuvre, et se dirigeaient vers le village. Dès que ce rapport fut fait à sir Geoffrey, il congédia une partie de sa suite, et alla rejoindre la comtesse avec quelques-uns de ses domestiques.

Il nous suffira d'ajouter ici qu'il exécuta son projet d'escorter la comtesse de Derby jusqu'à Vale-Royal, sans rencontrer aucun autre obstacle. Le seigneur de ce domaine se chargea de la conduire à Liverpool, et la vit s'embarquer pour les domaines héréditaires de son fils, où il n'y avait nul doute qu'elle ne fût en sûreté jusqu'à ce qu'on pût obtenir quelque compromis relativement à l'accusation portée contre elle d'avoir violé, en faisant exécuter Christian, l'amnistie accordée par le roi.

De puissans obstacles s'y opposèrent assez longtemps. Clarendon, alors à la tête du gouvernement de Charles II, considérait cet acte de violence, quoique inspiré par des motifs qui trouvent, jusqu'à un certain point, quelque excuse dans le cœur humain, comme pouvant ébranler la tranquillité à peine rétablie de l'Angleterre, en excitant les doutes et les inquiétudes de ceux qui avaient à appréhender les conséquences de ce qu'on appelle de notre temps une réaction. D'une autre part, les hauts services de cette famille distinguée, la conduite passée de la comtesse elle-même, la mémoire de son infortuné mari, et les circonstances particulières de la juridiction qu'elle avait dans l'île de Man, et qui mettait ce cas hors des règles ordinaires, plaidaient fortement en sa faveur. Enfin, la mort de Christian ne fut vengée que par une forte amende, montant à plusieurs milliers de livres, somme qui fut levée avec beaucoup de difficulté sur les domaines du jeune comte de Derby.

CHAPITRE VIII.

> « Ma terre natale, adieu. »
> Byron. *Childe Harold.*

Lady Peveril resta dans une grande inquiétude pendant quelques heures après le départ de son mari et de la comtesse, surtout quand elle eut appris que le major Bridgenorth, dont elle faisait aussi observer secrètement les mouvemens, s'était mis à la tête d'une troupe de cavaliers armés, et s'était dirigé du même côté que sir Geoffrey, c'est-à-dire vers l'ouest.

Enfin elle fut plus tranquille relativement à son époux et à la comtesse, lorsque Whitaker lui apporta la nouvelle de la lutte qui avait eu lieu entre sir Geoffrey et le major, et de la retraite des ennemis.

Elle frémit en songeant combien il s'en était peu fallu

qu'on ne vit se renouveler des scènes de discorde civile; et tandis qu'elle rendait graces au ciel de la conservation de son mari, elle ne pouvait s'empêcher d'appréhender les conséquences de sa querelle avec Bridgenorth. Ils avaient maintenant perdu un ancien ami, un homme dont ils avaient reçu des preuves d'amitié dans des circonstances fâcheuses qui mettent les amis à une épreuve difficile; et elle ne pouvait se dissimuler que Bridgenorth, ainsi irrité, pouvait devenir un ennemi embarrassant sinon dangereux. Jusqu'alors il avait usé avec la plus grande modération de ses droits comme créancier; mais à présent, s'il les faisait valoir avec rigueur, lady Peveril, à qui l'attention qu'elle donnait à l'économie domestique avait fait connaître les affaires de son mari mieux qu'il ne les connaissait lui-même, prévoyait de grands inconvéniens dans les mesures que la loi autorisait le major à prendre. Elle se rassurait cependant en se rappelant qu'elle conservait encore un grand ascendant sur Bridgenorth par suite de l'affection qu'il avait pour sa fille, et de l'opinion qu'il avait toujours manifestée jusqu'alors que la santé d'Alice dépendait entièrement des soins qu'elle lui donnait. Mais l'espoir de réconciliation qu'elle fondait probablement sur cette circonstance lui fut enlevé par un incident qui eut lieu le lendemain matin.

La gouvernante dont nous avons déjà parlé, mistress Debora, sortit dans la matinée, suivant l'usage, pour faire prendre aux enfans de l'exercice dans le parc; elle était suivie de Rachel, jeune fille chargée d'en avoir soin sous ses ordres. Mais elle ne revint pas à l'heure ordinaire, et mistress Ellesmere, la bouche plus pincée que de coutume, vint annoncer à sa maîtresse que mistress

Debora n'avait pas encore jugé à propos de rentrer, quoique l'heure du déjeuner approchât.

— Elle reviendra dans quelques instans, dit lady Peveril d'un ton d'indifférence.

Dame Ellesmere fit entendre une petite toux sèche assez singulière, et ajouta que Rachel était revenue avec M. Julien, et que mistress Debora avait dit qu'elle irait se promener avec miss Bridgenorth jusqu'à Moultrassie-Hall, point qui servait de limite entre les propriétés du major et celles qui restaient encore à sir Geoffrey.

— Cette fille est-elle devenue folle? s'écria lady Peveril avec un peu d'humeur. Pourquoi n'obéit-elle pas à mes ordres en rentrant aux heures convenues?

— Elle peut être devenue folle, ou avoir trouvé trop d'esprit, répondit dame Ellesmere d'un air mystérieux; et je crois que Votre Seigneurie ferait bien d'y prendre garde.

— Prendre garde à quoi? demanda lady Peveril avec impatience; vous parlez comme un oracle ce matin. Si vous avez quelque chose à dire contre cette jeune fille, je vous prie de vous expliquer clairement.

— Moi dire quelque chose contre elle, milady! Dieu me préserve de jamais rien dire contre mes camarades de service, soit homme, soit femme, soit enfant. Je vous engage seulement à vous servir de vos yeux, et à regarder ce qui se passe autour de vous.

— Vous m'engagez à me servir de mes yeux, Ellesmere; mais je crois que vous préféreriez que je me servisse de vos lunettes. Au surplus je vous ordonne, et vous savez que je veux être obéie, de me dire tout ce que vous savez, et tout ce que vous soupçonnez relativement à cette jeune fille.

— Mes lunettes, milady! Votre Seigneurie me pardonnera; mais vous savez que je n'en porte jamais, si ce n'est une paire qui a appartenu à ma mère, et que je mets quand j'ai à faire pour vous une reprise perdue. Jamais femme au-dessus de seize ans n'a fait une reprise perdue sans lunettes. Quant à soupçonner, je ne soupçonne rien, car comme il a plu à Votre Seigneurie d'ôter de dessous ma main mistress Debora Debbitch, ce n'est ni beurre ni pain qui m'appartiennent. Seulement, milady, si mistress Debora va si souvent le matin à Moultrassie-Hall, je ne serais pas surprise qu'un beau soir elle ne retrouvât point le chemin pour en revenir. Et en prononçant cette dernière phrase elle parlait avec les lèvres pincées, de manière à permettre à peine à un son de s'en échapper, coupant le commencement et la fin des mots, comme si elle avait voulu les écourter avant de les laisser sortir de sa bouche.

— Encore une fois, que voulez-vous dire, Ellesmere? vous aviez coutume d'avoir du bon sens; dites-moi bien clairement ce dont il s'agit.

— Tout ce que je veux dire, milady, c'est que depuis que M. Bridgenorth est de retour de Chesterfield, et qu'il est venu vous voir au château, mistress Debora a jugé à propos de conduire les enfans tous les matins à Moultrassie-Hall. Le hasard sans doute a voulu qu'elle y ait toujours rencontré le major, comme on l'appelle, faisant sa promenade; car il peut se promener comme un autre à présent, et je vous garantis qu'elle n'a rien perdu à cette rencontre, car elle s'est acheté un nouveau capuchon assez beau pour servir à milady. Mais y a-t-il eu autre chose qu'une pièce d'or mise dans sa main? c'est ce dont Votre Seigneurie est meilleur juge que moi.

Lady Peveril, donnant à la conduite de la gouvernante des enfans l'interprétation la plus favorable, ne put s'empêcher de sourire en voyant soupçonner de projets amoureux un homme tel que Bridgenorth, ayant des principes aussi rigoureux, des habitudes si réservées, et un air si grave; elle conclut de ce qu'elle venait d'entendre, que Debora avait trouvé quelque profit à satisfaire la tendresse paternelle du major, en lui procurant la vue de sa fille pendant le peu de jours qui s'étaient écoulés entre son retour chez lui et sa première visite au château, et les événemens arrivés ensuite. Mais elle fut un peu surprise quand, une heure s'étant écoulée depuis le déjeuner, sans que Debora eût reparu avec Alice, le seul domestique mâle que Bridgenorth avait à son service arriva à cheval, équipé comme s'il allait se mettre en voyage; il remit une lettre adressée à lady Peveril, puis une autre pour dame Ellesmere, et repartit sans attendre de réponse.

Il n'y aurait eu rien là de bien singulier s'il se fût agi de toute autre personne que du major Bridgenorth; mais il était si réglé et si uniforme dans toute sa conduite, il était si peu habitué à agir à la hâte ou d'après l'impulsion d'un premier mouvement, que la moindre apparence de précipitation de sa part excitait la surprise et la curiosité.

Lady Peveril ouvrit sa lettre à l'instant même, et lut ce qui suit :

« *A l'honorable et honorée lady Peveril.* »

« MADAME,

» Je vous écris plutôt pour me disculper que pour

vous accuser, ou me plaindre de qui que ce soit, parce que je sais qu'il convient mieux à la fragilité de notre nature d'avouer nos imperfections que de reprocher aux autres les leurs. Je n'ai pas davantage le dessein de vous parler du passé, surtout en ce qui vous concerne, madame, sachant fort bien que si je vous ai rendu service dans le temps où l'on pouvait dire que notre Israël était triomphant, vous vous êtes plus qu'acquittée envers moi en remettant dans mes bras une fille rachetée en quelque sorte de la vallée des ombres de la mort. En conséquence, comme je pardonne de tout mon cœur à Votre Seigneurie la mesure violente et peu charitable que vous avez prise contre moi lors de notre dernière entrevue, attendu que la femme cause de notre querelle était votre amie et votre parente, je vous supplie de me pardonner de même d'avoir engagé à quitter votre service la jeune fille nommée Debora Debbitch, dont les soins, instruite comme elle l'a été par Votre Seigneurie, peuvent être indispensables à la santé de ma chère fille. Mon projet, sous votre bon plaisir, madame, était qu'Alice continuât à rester au château de Martindale, et à y recevoir vos soins obligeans, jusqu'à ce qu'arrivant à l'âge de pouvoir distinguer entre le bien et le mal, ce fût pour moi un devoir de lui montrer le vrai chemin. Car Votre Seigneurie n'ignore pas, et je n'en parle point par forme de reproche, que c'est avec une vive douleur que je vois qu'une personne comme vous, douée de si bonnes qualités, j'entends de qualités naturelles, n'ait pas encore ouvert les yeux à la lumière, et se contente d'errer dans les ténèbres parmi les tombes des morts. Ma prière, dans les veilles de la nuit, a souvent été que Votre Seigneurie ouvrît les yeux sur la fausse doctrine qui cause son égarement; mais je suis fâché de dire que, notre chandelier étant sur le point d'être déplacé, les ténèbres redeviendront probablement plus épaisses que jamais; et le retour du roi, que j'avais regardé, ainsi que beaucoup d'autres, comme une manifestation de la faveur divine, semble n'être guère qu'un triomphe accordé au prince de l'air, qui rouvre déjà à la vanité son marché d'évêques, de doyens, etc., en chassant les ministres paisibles de la parole, dont les travaux ont été utiles à tant de milliers d'ames. Ainsi, ayant appris par une voie sûre qu'une ordonnance a été rendue pour rétablir ces chiens sans voix, sectateurs de Laud et de Williams, expulsés par le dernier parlement, et qu'on s'attend à un acte de conformité, ou plutôt de difformité de culte, mon dessein est de fuir la vengeance céleste à venir, et de chercher quelque coin où je puisse vivre en paix, et jouir de ma liberté de conscience. Qui voudrait rester dans le sanctuaire, après que les balustrades de l'autel sont brisées, et quand il est devenu un lieu de retraite pour les hibous et les satyres du désert? Et je dois ici me blâmer, madame, d'avoir été, dans la simplicité de mon cœur, et avec trop de facilité, dans la maison de la joie et des banquets; mon amour pour l'union et mon désir de prouver mon respect pour Votre Seigneurie sont devenus en cela un piège pour moi. Mais ce sera, je me flatte, une réparation, que d'abandonner le lieu de ma naissance, la maison de mes pères, l'endroit qui conserve la poussière de tant d'objets de mon affection terrestre. J'ai aussi à vous rappeler que mon honneur, dans le sens que le monde attache à ce mot, a été terni en ce pays par votre mari, sir Geoffrey, et que l'utilité dont je pouvais y être y a été circonscrite, sans que j'aie aucune chance d'en obtenir de lui la réparation ; ce qui est comme si la main d'un frère s'était levée contre mon honneur et ma vie. Ce sont là des choses amères pour le vieil Adam. Voulant donc prévenir de nouvelles querelles, et peut-être l'effusion de sang, il vaut mieux que je quitte ce pays pour quelque temps. Quant aux affaires qu'il me reste à régler avec sir Geoffrey, j'en chargerai maître Joachim Win-the-Fight, procureur à Chesterfield. C'est un de nos justes, et il les arrangera avec tous les égards pour sir Geoffrey, que permettront les lois et l'équité ; car j'espère que le ciel m'accordera la grace de résister à la tentation de convertir les armes d'une guerre charnelle en instrumens de vengeance : je ne veux pas recourir à Mammon pour l'obtenir. Désirant, madame que le Seigneur vous accorde toutes ses bénédictions, et surtout celle qui est au-dessus de toutes les autres, la connaissance de ses voies,

» Je demeure

» Votre serviteur dévoué à vos ordres,

RALPH BRIDGENORTH.

» Écrit à Moultrassie-Hall, le dixième jour de juillet 1660. »

Aussitôt que lady Peveril eut achevé la lecture de cette longue et singulière homélie, dans laquelle il lui parut que son voisin montrait plus de fanatisme religieux qu'elle ne lui en supposait, elle leva les yeux sur Ellesmere : celle-ci la regardait avec un air de mortification qui semblait lutter contre une affectation de mépris, et, fatiguée de ne pouvoir deviner ce que pensait sa maîtresse d'après l'expression de ses traits, prit le parti de chercher plus directement la confirmation de ses soupçons.

— Je suppose, madame, dit-elle, que ce fou de fanatique a dessein d'épouser la Debora. On dit qu'il va quitter le pays. Il en est temps vraiment; car outre qu'il servirait de risée à tout le voisinage, Lance-Outram, le garde forestier, pourrait bien lui garnir la tête d'un bois de cerf : ce serait un plat de son métier.

— Vous n'avez pas lieu de vous livrer à tant de dépit, Ellesmere, lui dit sa maîtresse. La lettre que je viens de recevoir ne parle nullement de mariage. Il est vrai que M. Bridgenorth, allant quitter le pays, a pris Debora à son service pour qu'elle ait soin de sa fille, et j'en suis charmée pour l'enfant.

— Et moi j'en suis charmée pour moi et pour toute la maison. Ainsi donc milady croit qu'il ne l'épousera pas? Dans le fait j'avais peine à le croire assez sot pour en faire sa femme; mais peut-être en fera-t-il quelque chose de pire, car elle dit qu'elle va gagner beaucoup d'argent, et c'est ce qui est difficile à faire d'une manière honnête, quand on est en service. Et puis elle me charge de lui envoyer ses hardes, comme si j'étais la maîtresse de la garde-robe de madame Debora; et elle me dit qu'elle compte sur mon âge et mon expérience pour le petit Julien, comme si elle avait besoin de me recommander ce cher bijou. Mais je vais lui envoyer ses haillons, et j'y joindrai une lettre écrite avec de bonne encre.

— Écrivez-lui avec civilité, et dites à Whitaker de lui envoyer ses gages, et d'y ajouter une pièce d'or en sus. Quoiqu'elle ait la tête un peu légère, elle a toujours été attentive pour les enfans.

— Je sais quelle est la maîtresse qui est attentive

pour ses domestiques, madame, et qui gâterait la meilleure des filles qui ait jamais attaché une épingle à une robe.

— J'en ai gâté une bonne quand je vous ai gâtée, Ellesmere. Mais retirez-vous, et écrivez à Debora d'embrasser pour moi la petite Alice, et d'offrir au major Bridgenorth mes vœux pour son bonheur dans ce monde et dans l'autre.

Et à ces mots, elle la congédia sans lui permettre de réplique et sans entrer dans d'autres détails.

Quand Ellesmere fut sortie, lady Peveril commença à réfléchir avec un sentiment de compassion sur la lettre du major Bridgenorth, homme qui avait certainement d'excellentes qualités, mais qu'une longue suite de malheurs domestiques et une dévotion sincère, mais sombre et outrée, avaient rendu mélancolique et presque misanthrope. Elle eut aussi plus d'une inquiétude pour le bonheur de la petite Alice, qui allait probablement être élevée sous les ailes d'un tel père. Cependant, toute réflexion faite, le départ de Bridgenorth ne lui parut nullement un événement fâcheux; car, tant qu'il serait resté à Moultrassie-Hall, il n'était que trop probable que quelque rencontre accidentelle entre lui et sir Geoffrey aurait pu donner lieu à des suites plus funestes que la dernière.

Elle ne put s'empêcher d'exprimer au docteur Dummerar combien elle était surprise et fâchée que tout ce qu'elle avait fait et essayé de faire pour établir la paix et la concorde entre les deux factions opposées eût produit précisément tout le contraire de ce qu'elle en attendait.

— Sans ma malheureuse invitation, dit-elle, Bridgenorth ne serait pas venu au château le lendemain de la fête ; il n'aurait pas vu la comtesse, et il n'aurait pas encouru le ressentiment de mon mari. Et sans le retour du roi, événement que nous attendions tous avec tant d'impatience, comme devant amener la fin de toutes nos calamités, ni cette noble dame, ni nous-mêmes, nous n'aurions eu à craindre de nouvelles difficultés et de nouveaux dangers.

— Très-honorable dame, répondit le docteur, si les affaires de ce monde étaient implicitement dirigées par la sagesse humaine, ou si leur cours était uniformément conforme aux calculs de la prévoyance des hommes, les événemens ne seraient plus sous la domination du temps et des circonstances auxquelles nous sommes tous soumis, puisque d'un côté nous les maîtriserions par la prudence, et que de l'autre nous agirions toujours d'après les avis d'une prescience infaillible. Mais l'homme, dans cette vallée de larmes, est pour ainsi dire comme un joueur de boule maladroit qui pense atteindre le but en lançant sa boule devant lui, et qui ne sait pas qu'il existe dans ce sphéroïde un biais caché qui le fera probablement dévier de la droite ligne.

Après avoir prononcé ces paroles d'un ton sentencieux, le docteur prit son chapeau en forme de pelle, et se rendit sur la pelouse du château, pour y finir, avec Whitaker, une partie de boules qui lui avait probablement fourni cette comparaison remarquable sur l'incertitude des événemens de la vie.

Deux jours après, sir Geoffrey arriva. Il était resté à Vale-Royal jusqu'à ce qu'il eût appris l'embarquement de la comtesse pour l'île de Man, et il était revenu ensuite au grand galop rejoindre son épouse dans son château. Chemin faisant, il rencontra quelques-uns de ses gens qui lui racontèrent les détails de la fête donnée par ses ordres à tout le voisinage; et malgré la grande déférence qu'il avait toujours pour lady Peveril, il ne put s'empêcher de montrer du mécontentement des égards qu'elle avait eus pour les Presbytériens.

— J'aurais reçu Bridgenorth, dit-il, car je l'avais toujours traité en bon voisin jusqu'à cette dernière affaire. Oui, je l'aurais enduré, pourvu qu'il eût voulu boire à la santé du roi en sujet loyal. Mais amener chez moi cet hypocrite de Solsgrace avec toute sa congrégation de mendians à longues oreilles, pour tenir un conventicule dans la maison de mon père! les laisser s'y comporter comme bon leur semblait! jamais je ne leur aurais laissé prendre une telle licence; non, pas même quand ils levaient la tête le plus haut. Dans les temps les plus malheureux, ils n'ont pu entrer dans le château de Martindale que par la brèche qu'y a faite le canon de Noll. Mais qu'ils y viennent chanter leurs psaumes quand notre bon roi Charles est de retour!.... Sur mon ame, dame Marguerite, vous en entendrez parler!

Malgré cette résolution, dictée par un mouvement de colère, le ressentiment se calma entièrement dans le cœur du brave chevalier dès qu'il vit son aimable épouse, si heureuse de le revoir. Il la serra dans ses bras, l'embrassa tendrement, et il lui avait pardonné sa faute avant de lui en parler.

— Tu m'as joué un tour, Marguerite, dit-il en secouant la tête et en souriant en même temps, et tu sais ce dont je veux te parler. Mais je connais ton attachement aux bons principes, et je sais que tu n'as agi ainsi que parce qu'en véritable femme tu as voulu maintenir en paix ces pendards de Têtes-Rondes. Mais que je n'en entende plus parler; j'aimerais mieux voir leurs boulets renverser le château de Martindale que d'en recevoir un seul dans ses murs; j'excepte toujours le voisin Ralph Bridgenorth, s'il recouvre l'usage de ses sens.

Lady Peveril fut obligée de lui raconter tout ce qui s'était passé; elle lui parla de la disparition de la gouvernante avec Alice, et lui fit lire la lettre du major. Sir Geoffrey branla d'abord la tête, et rit ensuite beaucoup de l'idée qu'il existait quelque amourette entre Bridgenorth et Debora.

— C'est une fin digne d'un puritain, dit-il, que d'épouser sa servante ou celle d'un autre. Debora n'est pas mal, et je crois qu'il s'en faut bien de quelques années qu'elle ait trente ans.

— Vous n'êtes pas plus charitable qu'Ellesmere, dit lady Peveril; je suis sûre qu'il n'a agi ainsi que par affection pour sa fille.

— Allons donc! s'écria le chevalier; les femmes ne pensent jamais qu'aux enfans : mais parmi les hommes, plus d'un caresse l'enfant pour embrasser celle qui le tient dans ses bras. Et qu'y aurait-il de surprenant? où serait le grand mal si Bridgenorth épousait cette égrillarde? Elle a pour père un honnête fermier, dont la famille occupe la même ferme depuis la journée de Bosworthfield. Cette généalogie vaut bien celle de l'arrière-petit-fils d'un brasseur de Chesterfield, à ce qu'il me semble. S'il y a dans cette lettre quelque chose qui sente l'amour, je m'en apercevrai bien, Marguerite, quoique cela ait pu échapper à votre innocence.

Le chevalier du Pic se mit donc à lire la lettre; mais

le style l'embarrassa beaucoup. Que veut-il dire avec son déplacement de chandelier, et ses balustrades de l'autel brisées? dit-il. Je ne saurais le deviner; à moins qu'il n'ait dessein de remettre en place les grands chandeliers d'argent que mon aïeul avait donnés pour l'autel de l'église de Martindale-Moultrassie, et que ses amis, les sacrilèges Têtes-Rondes, ont volés et fait fondre; et qu'il ne veuille parler de la balustrade de la table de communion qu'ils ont brisée en même temps, et des ornemens de cuivre qu'ils ont arrachés aux monumens de mes ancêtres, hauts faits pour lesquels je me flatte que quelques-uns d'entre eux ont les doigts assez chauds en ce moment. Mais au total, il paraît donc que ce pauvre Bridgenorth va quitter nos environs. J'en suis fâché, quoique je ne l'aie jamais vu plus souvent qu'une fois par jour, et que je ne lui aie guère jamais dit plus de deux paroles à la fois. Mais je vois ce que c'est. Il a sur le cœur la manière dont je l'ai jeté à bas de son cheval. Et cependant, Marguerite, il ne m'a pas fallu plus d'efforts pour l'enlever de selle que je n'en aurais eu besoin pour vous y mettre. J'ai pris toutes mes mesures pour ne pas lui faire mal, et je ne le croyais pas assez chatouilleux sur le point d'honneur pour s'inquiéter beaucoup d'une telle misère. Ah! je vois bien ce qui le chagrine. Allez, allez, j'arrangerai les choses de manière qu'il restera à Moultrassie-Hall, et qu'il rendra à Julien sa petite compagne. Sur ma foi, je suis fâché moi-même d'avoir perdu cette petite fille, et de me trouver obligé, dans mes promenades du matin, quand le temps n'est pas propre à la chasse, de passer devant l'avenue de Moultrassie-Hall sans y entrer pour lui dire un mot par la croisée.

— Je serais charmée, sir Geoffrey, dit lady Peveril, que vous pussiez amener une réconciliation avec ce digne homme; car je regarde encore Bridgenorth comme tel.

— Sans ses principes de puritain, répondit le chevalier, ce serait un excellent voisin.

— J'entrevois à peine, continua son épouse, la possibilité d'arriver à un but si désirable.

— C'est que vous n'entendez rien à ces sortes d'affaires, Marguerite, répliqua le chevalier; mais moi, je sais quel est le pied dont il boite, et je vous réponds que vous le verrez bientôt marcher aussi droit que jamais.

Une affection sincère pour son mari et un jugement exquis donnaient à lady Peveril tous les droits possibles à la confiance entière de sir Geoffrey; et, pour dire la vérité, elle avait en ce moment plus d'envie de connaître son projet, que le sentiment de leurs devoirs mutuels et séparés ne le lui permettait ordinairement. Elle ne pouvait s'imaginer quel était ce mode de réconciliation avec son voisin qu'avait trouvé sir Geoffrey, qui en général n'était pas très-bon juge des hommes et de leurs bizarreries, et dont il ne paraissait pas vouloir lui faire part; elle avait aussi quelque inquiétude que les moyens qu'il emploierait pour guérir la blessure ne fissent que l'envenimer davantage; mais son mari fut impénétrable. Il avait été assez long-temps colonel d'un régiment en campagne, pour apprécier le droit du commandement absolu chez lui; et à toutes les questions indirectes que son épouse lui fit avec beaucoup d'adresse, il répondit seulement : — Patience, Marguerite, patience! ce n'est pas une affaire dont tu puisses te mêler; tu sauras tout en temps et lieu. Va voir Julien.

Ne finira-t-il jamais de pleurer pour cette petite Tête-Ronde? Dis-lui qu'Alice reviendra. Elle sera ici dans deux ou trois jours, et tout ira bien.

Comme il finissait de parler, un postillon sonna du cor dans la cour, et on lui apporta un gros paquet adressé à l'honorable sir Geoffrey Peveril du Pic, juge de paix; car il avait été nommé à cette place aussitôt après la restauration du roi. Il ouvrit le paquet, non sans quelque sentiment de sa nouvelle importance, et il y trouva l'ordre qu'il avait sollicité pour rétablir dans sa cure le docteur Dummerar, expulsé par la force pendant l'usurpation.

Peu d'événemens auraient fait plus de plaisir a sir Geoffrey. Il pouvait pardonner à un sectaire robuste et audacieux, qui voulait prouver la bonté de sa doctrine en assénant sur le champ de bataille des coups bien appliqués sur les casques et les cuirasses des cavaliers; mais sa mémoire, un peu vindicative, lui rappelait l'entrée triomphante d'Hugues Peters dans son château par la brèche; et depuis ce temps, sans faire une distinction bien exacte entre les sectaires et leurs ministres, il regardait tous ceux qui montaient dans une chaire sans la permission de l'église anglicane, et peut-être ajoutait-il en secret, de l'église romaine, comme des perturbateurs de la tranquillité publique; des séducteurs qui cherchaient à séparer les ouailles de leurs pasteurs légitimes; des instigateurs de la dernière guerre civile, et des gens disposés à courir le risque de nouvelles dissensions.

D'une autre part aussi, outre le plaisir qu'il avait à pouvoir satisfaire son aversion contre Solsgrace, il ne s'en promettait pas moins de réinstaller dans son presbytère son ancien ami, le compagnon de ses amusemens et de ses dangers, le digne docteur Dummerar. Il communiqua à lady Peveril, d'un air de triomphe, l'ordre qu'il venait de recevoir, et elle comprit alors le sens du passage mystérieux de la lettre de Bridgenorth, relativement au déplacement du chandelier et à l'épaississement des ténèbres. Elle l'expliqua à son mari, et tâcha de lui persuader que cette circonstance ouvrait une porte à la réconciliation avec son voisin, s'il voulait exécuter avec douceur et modération la mission dont il était chargé, après un délai convenable, et avec tous les égards possibles pour ne blesser la sensibilité ni de Solsgrace ni de ceux qui composaient sa congrégation. Cette conduite ne nuirait en rien au docteur Dummerar; elle contribuerait au contraire à lui concilier des esprits, qui s'aliéneraient peut-être de lui pour toujours s'ils voyaient expulser avec dureté leur ministre favori.

Il y avait dans cet avis autant de sagesse que de prudence, et, en tout autre temps, sir Geoffrey aurait eu assez de bon sens pour le suivre; mais qui peut agir avec modération et sang-froid au moment du triomphe? L'expulsion de M. Solsgrace se fit avec tant de précipitation, qu'elle eut l'air d'une persécution, quoique, envisagée sous son véritable point de vue, ce ne fût que la réintégration de son prédécesseur dans ses droits légitimes. Solsgrace lui-même parut désirer de donner le plus de publicité possible à ses souffrances. Il tint bon jusqu'au dernier moment, et le dimanche qui suivit le jour où son renvoi lui fut notifié, il essaya encore de se frayer un chemin jusqu'à la chaire, ayant à son côté le procureur de M. Bridgenorth, Win-the-Fight, et suivi de quelques zélés adhérens.

Comme ils entraient dans le cimetière (1) d'un côté, on y voyait arriver de l'autre le docteur Dummerar, revêtu de ses vêtemens sacerdotaux, accompagné de Peveril du Pic, de sir Jasper Cranbourne, et d'autres Cavaliers de distinction, formant une espèce de procession triomphale.

Pour empêcher que l'église ne devînt le théâtre d'une querelle, on envoya les officiers de la paroisse pour s'opposer à l'entrée du ministre presbytérien, et ils y réussirent sans autre dommage qu'une tête cassée, celle du procureur de Chesterfield, qui se trouva moins dure que le bâton de Roger Raine, l'aubergiste ivrogne des *Armes de Peveril*.

Forcé de faire retraite devant un force supérieure, mais non dompté en esprit, le valeureux Solsgrace rentra au presbytère, où il avait essayé de se maintenir, d'après quelques moyens de chicane suggérés par M. Win-the-Fight, procureur, fort mal nommé ce jour-là (2). Il en ferma les portes aux verroux, barricada les fenêtres, et, comme on le disait, quoique faussement, prépara des armes à feu pour résister aux officiers. Une scène scandaleuse s'ensuivit, et le bruit des clameurs étant arrivé jusqu'aux oreilles de sir Geoffrey, il accourut en personne sur les lieux, à la tête de quelques gens armés, força les portes extérieures et intérieures, et pénétra jusque dans le cabinet du ministre presbytérien, qui n'avait d'autre garnison que le procureur; mais tous deux, après avoir protesté contre la violence qui leur était faite, renoncèrent à disputer la possession du local.

(1) Cour de l'église. — Éd.
(2) *Win-the-Fight* signifie qui gagne la bataille. — Éd.

Toute la canaille du village étant alors en mouvement, sir Geoffrey, autant par prudence que par humanité, crut devoir escorter ses deux prisonniers, car on pouvait les nommer ainsi, jusqu'à l'avenue de Moultrassie-Hall, lieu où ils avaient annoncé qu'ils voulaient se rendre; et malgré les cris et le désordre, il réussit à les y conduire en sûreté.

Le départ de sir Geoffrey donna lieu à de nouvelles voies de fait, qu'il aurait certainement empêchées s'il eût été présent. Le zèle des officiers de paroisse et de leurs adhérens les porta à déchirer quelques-uns des livres du ministre, comme ne contenant que des principes de sédition et de fanatisme. On but alors à la santé du roi et de Peveril du Pic. Enfin les enfans, qui ne lui pardonnaient pas la tyrannie avec laquelle il leur interdisait le jeu de quilles, celui du ballon, etc., et qui se souvenaient de la longueur impitoyable de ses sermons, formèrent un mannequin de paille auquel ils cherchèrent à donner sa ressemblance, en le revêtant de sa robe et de son rabat de ministre calviniste, en le surmontant de son grand chapeau pointu; après quoi ils le brûlèrent sur le lieu où s'élevait jadis un mai majestueux que Solsgrace avait abattu de ses propres mains.

Sir Geoffrey, mécontent de ces excès, envoya offrir à M. Solsgrace une indemnité de ce qu'il avait perdu. Mais le prédicateur calviniste lui répondit : — Depuis un bout de fil jusqu'à un cordon de soulier, je n'accepterai rien de ce qui est à toi. Que la honte de l'œuvre de tes mains retombe sur ta tête!

En général, on blâma sir Geoffrey d'avoir agi en cette occasion avec une précipitation scandaleuse et une sévérité indécente; d'autant plus que la renommée, suivant l'usage, eut soin de tout exagérer. On dit que le fougueux Cavalier Peveril du Pic était tombé sur une congrégation de presbytériens, occupés de l'exercice paisible de leur religion, à la tête d'une troupe de gens armés; qu'il en avait tué plusieurs et blessé un plus grand nombre; poursuivi le ministre jusque dans son presbytère, et réduit en cendres cet édifice. Quelques-uns allaient même jusqu'à dire que le prédicateur avait péri dans les flammes; et les plus modérés prétendaient qu'il ne s'était échappé qu'en arrangeant sa robe et son chapeau près d'une fenêtre, de manière à faire croire qu'il était entouré par les flammes, tandis qu'il se sauvait par une porte de derrière. Et quoique peu de gens crussent à la lettre les atrocités imputées mal à propos à notre honnête Cavalier, c'en était pourtant assez pour amener des suites sérieuses, comme on le verra dans la suite de cette histoire.

CHAPITRE IX.

>BESSUS.
>C'est un cartel, monsieur !
>LE PORTEUR DE LA LETTRE.
>» N'en changeons pas le nom :
>« Ce papier ne contient qu'une invitation
>« A vous rendre en tel lieu, certain jour, à telle heure. »
>*Le roi qui n'est pas roi.*

PENDANT un jour ou deux après son expulsion forcée du presbytère, M. Solsgrace resta à Moultrassie-Hall; et la mélancolie que devait naturellement lui inspirer sa situation ne contribua pas peu à ajouter à l'air sombre du propriétaire de cette maison. Dans la matinée, le ministre congédié faisait quelques visites aux différentes familles du voisinage auxquelles son ministère avait été agréable dans les jours de sa prospérité, et dans le souvenir reconnaissant desquelles il trouvait alors de la pitié et des consolations. Il ne demandait pas qu'on le plaignît parce qu'après avoir perdu une place qui fournissait abondamment à tous ses besoins il se trouvait laissé à la merci du monde. La piété de M. Solsgrace était sincère, et s'il avait conçu contre les autres sectes des préventions peu charitables, que les controverses polémiques avaient engendrées, et que la guerre civile avait fortifiées, il avait aussi ce sentiment profond de ses devoirs qui prête de la dignité à l'enthousiasme, et il était disposé à sacrifier sa vie pour rendre témoignage à sa croyance.

Mais il fallait qu'il se préparât à quitter bientôt le canton qu'il regardait comme la vigne que le ciel lui avait confiée; il fallait qu'il abandonnât son troupeau au loup; qu'il se séparât de ceux à qui il donnait ses avis, et avec lesquels il était lié par les nœuds de la religion ; qu'il laissât les nouveaux convertis dans le danger de retomber dans de fausses doctrines ; qu'il quittât des ouailles chancelantes encore, et que ses efforts sans relâche auraient pu diriger dans le droit chemin. Telles étaient les véritables causes de son chagrin, et elles étaient probablement aggravées par ces sentimens naturels avec lesquels tous les hommes, et surtout ceux que leurs devoirs ou leurs habitudes renferment dans un cercle très-étroit, regardent l'instant où il faut qu'ils renoncent aux lieux témoins de leurs promenades solitaires, de leurs méditations, et de leurs entretiens avec quelques amis.

Il y avait, à la vérité, un projet de placer M. Solsgrace à la tête d'une congrégation de non-conformistes dans la même paroisse, et ses sectateurs auraient volontiers consenti à lui assurer un revenu convenable. Mais quoique *l'acte de conformité* ne fût pas encore passé, on savait que cette mesure devait sous peu être prise; et l'opinion universelle des presbytériens était que personne ne la ferait probablement exécuter avec plus de rigueur que Peveril du Pic. Solsgrace, s'attribuant peut-être plus d'importance qu'on n'en attachait à sa personne et à ses sermons, regardait le brave chevalier comme son ennemi mortel et acharné, et par conséquent il pouvait croire qu'il courrait un assez grand danger en restant à Martindale-Moultrassie; mais ce qui le déterminait surtout à s'éloigner du comté de Derby, c'était l'idée qu'il rendrait par là un service à son Église.

— Peut-être, disait-il, sera-t-il permis à des pasteurs moins connus, quoique plus dignes de ce nom, de rassembler les débris d'un troupeau dispersé dans des cavernes et des solitudes; et le grapillage des vignes d'Ephraïm rapportera plus entre leurs mains que la vendange de celles d'Abiezer. Mais moi, qui ai si souvent déployé la bannière contre les puissans; moi dont la langue, semblable au garde veillant sur le haut d'une tour, a rendu témoignage soir et matin contre le papisme, l'épiscopat et Peveril du Pic; moi, rester au milieu de vous, ce ne serait qu'attirer le glaive sanglant de la vengeance, qui immolerait le berger et dissiperait le troupeau! Les mains de ceux qui répandent le sang m'ont déjà assailli, même sur le terrain qu'ils appellent eux-mêmes consacré; et vous avez vu outrager le juste, tandis qu'il soutenait ma cause. Je mettrai donc mes sandales, je me ceindrai les reins, et je partirai pour un pays bien éloigné, pour y agir comme mon devoir m'y appellera, et pour rendre témoignage à la vérité, soit dans la chaire, soit au milieu des flammes.

Tels étaient les sentimens que Solsgrace exprimait à

ses amis découragés, et il entrait encore dans de plus grands détails avec le major Bridgenorth, ne manquant pas, en même temps, de lui reprocher avec le zèle d'un ami la précipitation avec laquelle il avait tendu la main à une femme amalécite. Il lui rappelait qu'en agissant ainsi il s'était rendu son serviteur et son esclave pour un temps, de même que Samson, trahi par Dalila, et qu'il aurait pu rester plus long-temps dans la maison de Dagon si la main de Dieu ne l'eût retiré du piège. C'était aussi parce qu'il avait été à une fête sur les hauts lieux consacrés à Baal, que lui, qui était le champion de la vérité, il avait été renversé dans la poussière et couvert de honte par l'ennemi, à la face d'Israël.

Ces reproches semblant offenser le major Bridgenorth, qui n'aimait pas plus qu'un autre à entendre parler de ses échecs, et surtout de les voir attribuer à sa propre faute, le digne ministre commença à s'accuser lui-même d'avoir montré dans cette affaire une complaisance coupable; car, dit-il, ce malheureux dîner au château de Martindale appelait la vengeance du ciel. C'était proclamer la paix, quand il n'y avait pas de paix; c'était habiter sous les tentes des pécheurs. C'était donc à cette cause qu'il attribuait son expulsion du presbytère, la destruction de ses ouvrages de théologie les plus précieux, la perte de sa robe et de son chapeau, et celle de deux barils d'excellente ale.

L'esprit du major Bridgenorth était fortement empreint d'une dévotion que ses dernières infortunes avaient rendue plus sombre et plus austère; il n'est donc pas étonnant qu'en entendant répéter à chaque instant de semblables raisonnemens, par un pasteur qu'il avait toujours respecté, et qu'il regardait maintenant comme un martyr de leur foi commune, il eût commencé à désapprouver lui-même sa conduite; c'est pourquoi il se reprochait de s'être laissé entraîner trop loin par sa reconnaissance pour lady Peveril; il se disait que les argumens de cette dame en faveur des sentimens de tolérance et de libéralité l'avaient séduit au point de lui faire commettre une action qui tendait à compromettre ses principes religieux et politiques.

Un matin que le major Bridgenorth, après s'être fatigué l'esprit de divers détails relatifs à l'arrangement de ses affaires, se reposait sur son fauteuil de cuir placé près de sa fenêtre, position qui, par un retour d'idées assez naturel, lui rappelait le souvenir du temps passé et la patience avec laquelle il attendait la visite journalière de sir Geoffrey, — Sûrement, dit-il en pensant tout haut, l'amitié que j'avais alors pour cet homme n'était pas un péché.

Solsgrace, qui était dans l'appartement, et qui devinait ce qui se passait dans l'esprit de son ami, dont il connaissait parfaitement toute l'histoire, lui répondit :

— Lorsque Dieu commanda à des corbeaux de nourrir Elisée quand il était caché près du ruisseau de Chérit, nous ne voyons pas qu'il ait caressé les oiseaux impurs qu'un miracle forçait, contre leur nature, à pourvoir à ses besoins.

— Cela peut être, répondit Bridgenorth; mais le bruit de leurs ailes devait être aussi agréable à l'oreille du prophète affamé, que celui des pas du cheval de sir Geoffrey l'était à la mienne. Les corbeaux reprirent sans doute leur nature quand ce moment fut passé, et c'est ce qui m'est arrivé. Écoutez ! s'écria-t-il en tressaillant, je reconnais à l'instant même le bruit des pas de son cheval.

Il était rare que les échos de la cour de cette maison silencieuse fussent éveillés par le trépignement de pieds des chevaux : c'était pourtant ce qui arrivait en ce moment.

Bridgenorth et Solsgrace en furent également surpris, et ils étaient même disposés à croire qu'il s'agissait de quelque nouvel acte d'oppression ordonné par le gouvernement, quand le vieux domestique du major introduisit sans beaucoup de cérémonie, car ses manières étaient presque aussi simples que celles de son maître, un homme de grande taille, d'un âge déjà un peu avancé, que la forme de ses vêtemens, ses longs cheveux, et son chapeau surmonté d'une plume, annonçaient pour être un Cavalier. Il salua les deux amis d'un air un peu raide, mais courtois, et dit qu'il était sir Jasper Cranbourne, chargé d'un message spécial pour M. Ralph Bridgenorth de Moultrassie-Hall, de la part de son honorable ami sir Geoffrey Peveril du Pic, et qu'il désirait savoir s'il plaisait à M. Bridgenorth de lui permettre de s'acquitter de sa mission en cet appartement, ou partout ailleurs.

— Tout ce que sir Geoffrey Peveril peut avoir à me faire savoir, répondit le major Bridgenorth, peut être déclaré à l'instant, et devant mon ami, pour qui je n'ai pas de secrets.

— La présence d'un ami ne serait pas de trop, répondit sir Jasper après avoir hésité un instant et en jetant les yeux sur Solsgrace ; ce serait au contraire la chose du monde la plus désirable, mais il me semble que monsieur a l'air d'appartenir au clergé.

—Je n'ai pas de secrets, dit Bridgenorth, et je ne désire en avoir aucun qu'un membre du clergé ne puisse entendre.

— Comme il vous plaira, répliqua sir Jasper. D'ailleurs votre confiance peut être bien placée, car on sait que vos ministres, soit dit sans vous déplaire, ont prouvé qu'ils ne sont pas ennemis des affaires du genre de celle dont je viens vous parler.

— Au fait, monsieur, dit Bridgenorth d'un air grave; et je vous prie de vous asseoir, à moins que vous ne préfériez rester debout.

— Il faut d'abord que je m'acquitte de ma petite commission, répliqua sir Jasper en se redressant; ce sera d'après la manière dont vous l'accueillerez que je verrai si je dois ou non m'asseoir à Moultrassie-Hall. Sir Geoffrey Peveril du Pic, M. Bridgenorth, a mûrement réfléchi sur les malheureuses circonstances qui vous ont divisés, comme voisins. Il a trouvé dans les anciens temps divers exemples, je répète ses propres paroles, qui le déterminent à faire tout ce que son honneur lui permet, pour effacer toute trace de ressentiment entre vous; et, pour parvenir à ce but désirable, il est disposé à un degré de condescendance auquel vous ne pourriez vous attendre, et qui par conséquent vous fera grand plaisir.

— Permettez-moi de vous dire, sir Jasper, répondit le major, que tout cela est inutile. Je ne me suis pas plaint de sir Geoffrey; je n'ai exigé de lui aucune soumission; je suis sur le point de quitter ce pays, et les affaires que nous avons ensemble peuvent se régler par d'autres aussi bien que par nous-mêmes.

— En un mot, dit le ministre, le digne major Bridgenorth a eu assez de commerce avec les impies, et ne veut pas en avoir davantage, sous aucun prétexte.

—Messieurs, dit sir Jasper en les saluant avec une politesse imperturbable, vous vous trompez beaucoup sur la teneur de ma mission, et vous ferez bien de l'entendre en entier, avant d'y répondre. Je présume, M. Bridgenorth, que vous vous rappelez votre lettre à lady Peveril, dont j'ai ici une copie conforme. Vous paraissez vous plaindre du traitement que vous avez reçu de sir Geoffrey, et surtout de la manière dont il vous a jeté de cheval à Hartley-Nick, ou non loin de là. Or, sir Geoffrey pense assez avantageusement de vous pour croire que, sans l'immense distance que le rang et la naissance mettent entre vous et lui, vous lui auriez demandé la satisfaction qu'un gentilhomme doit à un autre, comme la seule manière d'effacer honorablement la tache dont vous êtes couvert. C'est pourquoi il a la générosité de vous offrir, dans ce petit écrit, ce que vous n'avez pas voulu lui demander, par suite de votre modestie; car il n'attribue pas à autre chose le silence que vous avez gardé. Je vous apporte aussi la mesure de son arme, et quand vous aurez accepté le cartel que je vous présente, je serai prêt à régler avec vous le temps, le lieu et tous les autres détails relatifs à cette rencontre.

— Et moi, dit Solsgrace d'une voix solennelle, si l'auteur de tout mal tentait mon ami d'accepter la proposition qui lui est faite par un homme altéré de sang, je serais le premier à prononcer contre lui la sentence d'excommunication.

— Ce n'est pas à vous que je m'adresse, monsieur le révérend, dit sir Jasper; il est assez naturel que votre intérêt vous détermine à avoir plus d'égards pour la vie de votre patron que pour son honneur ; mais c'est de lui-même que je dois apprendre ce qu'il préfère.

A ces mots, et saluant encore le major, il lui présenta de nouveau le cartel. On pouvait voir évidemment que les conseils de l'honneur humain et ceux des principes religieux se livraient en ce moment un combat cruel dans le cœur de Bridgenorth ; mais la victoire resta aux derniers. Il repoussa d'un air calme le papier que lui présentait sir Jasper, et lui dit : — Il est possible que vous ignoriez, sir Jasper, que depuis que la lumière du christianisme est répandue sur ce royaume, bien des gens respectables ont douté que l'effusion du sang d'un de nos semblables puisse jamais être justifiée ; et quoique cette règle me paraisse difficilement applicable au temps d'épreuve où nous vivons, puisque le défaut de résistance, s'il devenait général, mettrait nos droits civils et religieux entre les mains du premier tyran audacieux, cependant j'ai toujours été et suis encore disposé à limiter l'usage des armes charnelles à la nécessité de la défense personnelle, à la protection de notre patrie contre une invasion étrangère, et au maintien de nos propriétés, de nos lois et de notre liberté de conscience, contre tout pouvoir usurpateur. Comme je n'ai jamais hésité à tirer l'épée pour aucune de ces causes, vous m'excuserez si je la laisse dans le fourreau dans une circonstance où l'homme qui m'a fait une injure grave me provoque au combat, soit par un point d'honneur frivole, soit par pure bravade, comme cela est plus vraisemblable.

—Je vous ai écouté avec patience, dit sir Jasper, et maintenant, M. Bridgenorth, je vous inviterai à mieux réfléchir à cette affaire. Je prends le ciel à témoin que votre honneur est blessé, et qu'en daignant vous accorder un rendez-vous qui vous offre quelque chance de guérir cette blessure, sir Geoffrey a été animé par une tendre compassion de votre malheur, et par le désir sincère de rétablir votre réputation. Il ne s'agit que de croiser vos épées quelques minutes, et vous aurez la satisfaction de vivre ou de mourir en gentilhomme. D'ailleurs, la science de l'escrime, que l'honorable chevalier possède au plus haut degré, peut le mettre en état, comme son bon cœur l'y engagera, à se contenter de vous désarmer en vous faisant une légère blessure dans les chairs, d'où il résultera peu de mal pour votre personne, et beaucoup de bien pour votre honneur.

— La tendre compassion du méchant n'est que cruauté, dit Soslgrace avec emphase, par forme de commentaire sur ce discours que sir Jasper avait débité du ton le plus pathétique.

— Je prie Votre Révérence de ne pas m'interrompre davantage, dit sir Jasper, d'autant plus que je crois que cette affaire vous concerne fort peu, et je vous prie de me permettre de m'acquitter régulièrement de la commission de mon digne ami.

A ces mots, il tira sa rapière, et en passant la pointe sur le fil de soie qui entourait le cartel, il le présenta encore une fois avec grace, et littéralement à la pointe de l'épée, au major Bridgenorth; celui-ci refusa de nouveau de le recevoir, quoique le rouge lui montât au visage comme s'il avait eu besoin de faire un violent effort sur lui-même; il recula quelques pas, et fit un grand salut à sir Jasper Cranbourne.

— Puisqu'il en est ainsi dit sir Jasper, je violerai le

sceau de la lettre de sir Geoffrey, et je vous la lirai moi-même, pour m'acquitter pleinement de la mission qui m'a été confiée, et vous faire connaître, M. Bridgenorth, les intentions généreuses de mon digne ami à votre égard.

— Si le contenu de cette lettre, dit le major, n'a rapport qu'à ce que vous m'avez déjà dit, il est inutile d'insister : mon parti est bien pris.

— N'importe, répondit sir Jasper en ouvrant la lettre; il convient que je vous en fasse la lecture. Et il lut ce qui suit :

« *Au digne Ralph Bridgenorth, écuyer de Moultrassie-Hall.* »

» Confié aux soins de l'honorable sir Jasper Cranbourne, chevalier, de Long-Mallington.

» M. Bridgenorth,

» La lettre que vous avez écrite à notre épouse chérie, dame Marguerite Peveril, nous a donné à entendre que vous avez sur le cœur certains événemens passés récemment entre nous, comme si votre honneur était entaché par ce qui a eu lieu. Et quoique vous n'ayez pas jugé convenable de vous adresser directement à moi pour me demander la satisfaction qu'un homme de condition a droit d'exiger d'un autre en pareil cas, je suis convaincu que je ne dois l'attribuer qu'à votre modestie, ayant pour cause l'inégalité de nos rangs, sans en accuser un manque de courage, puisque vous en avez ailleurs donné des preuves : et plût à Dieu que je pusse ajouter, pour la bonne cause. C'est pourquoi je me suis décidé à vous faire assigner par mon ami sir Jasper Cranbourne un rendez-vous pour ce que vous désirez certainement. Sir Jasper vous donnera la longueur de mes armes, et réglera avec vous tous les arrangemens pour notre rencontre, qui aura lieu le matin ou le soir, à pied ou à cheval, au sabre ou à la rapière, comme cela vous conviendra. Je vous en laisse le choix ainsi que tous les privilèges appartenant à celui qui est défié, vous priant seulement, si vous n'avez pas d'armes semblables aux miennes, de m'envoyer la dimension des vôtres, ne doutant pas que l'issue de ce rendez-vous ne doive être de mettre fin, de manière ou d'autre, à tout ressentiment entre voisins.

» Je demeure

» Votre très-humble serviteur,

» Geoffrey Peveril du Pic. »

« Écrit en ma pauvre maison du château de Martindale, le.........., 1660. »

— Présentez mes respects à sir Geoffrey Peveril, dit le major, ses intentions à mon égard peuvent être bonnes, suivant sa *lumière;* mais dites-lui que notre querelle a pris naissance dans une agression volontaire, dont il a été coupable envers moi; et que, quoique je désire vivre en charité avec tous les hommes, je ne tiens pas assez à son amitié pour violer les lois de Dieu et risquer d'être assassin ou assassiné afin de la regagner. Et quant à vous, monsieur, il me semble que votre âge devrait vous ouvrir les yeux sur la folie de pareils messages.

— Je m'acquitterai de votre commission, M. Ralph Bridgenorth, répondit sir Jasper, et je tâcherai alors d'oublier votre nom, indigne d'être prononcé par un homme d'honneur. En attendant, en retour de votre avis incivil, je vous en donnerai un autre : c'est que, puisque votre religion vous empêche de donner satisfaction à un gentilhomme, elle devrait vous faire prendre garde de l'offenser.

A ces mots, et en jetant un regard de mépris orgueilleux, d'abord sur le major et ensuite sur le ministre, l'envoyé de sir Geoffrey enfonça son chapeau sur sa tête, remit sa rapière à son ceinturon, et sortit de l'appartement. Quelques minutes après, il était déjà bien loin, et le bruit des pas de son cheval cessa de se faire entendre.

Bridgenorth avait tenu la main sur son front depuis l'instant de son départ, et une larme arrachée par la honte et la colère tomba sur ses joues quand il fut trop loin pour l'entendre. — Il porte cette réponse au château de Martindale, dit-il, et l'on ne pensera à moi désormais que comme à un homme déshonoré, que chacun peut insulter et bafouer à son gré ; je fais bien de quitter la maison de mon père.

Solsgrace s'approcha de son ami en paraissant compatir à ses peines ; et, lui prenant la main, il lui dit d'un ton plus affectueux que de coutume : — Mon noble frère, quoique je sois un homme de paix, je sais apprécier ce que ce sacrifice a coûté à ton cœur héroïque. Mais Dieu ne veut pas que notre obéissance à ses ordres soit imparfaite. Nous ne devons pas, comme Ananias et Sapphire, réserver quelque désir secret, quelque péché favori, tandis que nous prétendons lui immoler toutes nos affections mondaines. A quoi nous servira de dire que nous n'avons mis en réserve que peu de chose, si le moindre reste de la chose maudite se trouve caché sous notre tente ? Croirais-tu te justifier dans tes prières, en disant : je n'ai pas tué cet homme pour l'amour du gain, comme un voleur; pour acquérir du pouvoir, comme un tyran; pour assouvir ma vengeance, comme un sauvage plongé dans les ténèbres; mais parce que la voix impérieuse de l'honneur mondain me disait : va, tue ou sois tué, n'est-ce pas moi qui te le commande? Songes-y bien, mon digne ami; réfléchis si tu pourras te justifier ainsi dans tes prières; et si tu es forcé de trembler à l'idée du blasphème contenu dans une telle excuse, souviens-toi de rendre graces au ciel, qui t'a donné la force de résister à une telle tentation.

— Mon digne et révérend ami, répondit Bridgenorth, je sens que ce que vous me dites est la vérité. Le texte qui ordonne au vieil Adam de supporter la honte est plus pénible et plus difficile à exécuter que celui qui lui commande de combattre courageusement pour la vérité. Mais je me trouve heureux de savoir que j'aurai pour compagnon, au moins pour quelque temps, en traversant le désert du monde, un homme dont le zèle et l'amitié ont tant d'activité pour me soutenir quand je suis prêt à faire une chute.

Tandis que les habitans de Moultrassie-Hall raisonnaient ainsi sur le sujet de la visite de sir Jasper Cranbourne, ce digne chevalier causait à sir Geoffrey Peveril une surprise inexprimable en lui racontant l'accueil qu'avait reçu son ambassade.

— Je l'avais pris pour une homme d'une autre trempe, dit sir Geoffrey; je l'aurais même juré, si quelqu'un m'avait demandé mon témoignage. Mais on ne peut faire une bourse de soie avec l'oreille d'une truie (1).

(1) Proverbe populaire anglais. — Éd.

J'ai fait pour lui une folie que je ne ferai jamais pour un autre ; celle de croire qu'un presbytérien se battrait sans la permission de son prêcheur. Donnez-leur un sermon de deux heures ; laissez-les ensuite hurler un psaume sur un air qui ne vaut pas les cris d'un chien qu'on fouette, et les coquins se démèneront comme des batteurs en grange. Mais pour se présenter en champ-clos avec calme et sang-froid, fer contre fer, en braves gentilshommes, en bons voisins, ils n'ont pas assez d'honneur pour l'entreprendre. Allons, c'est assez parler d'un puritain à oreilles en l'air comme ce Bridgenorth. Vous resterez à dîner avec nous, sir Jasper ; et vous verrez si la cheminée de la cuisine de dame Marguerite a été bien chauffée. Après le dîner je vous régalerai du vol d'un faucon qui appartient à la comtesse de Derby. Elle l'a apporté sur le poing de Londres à Martindale, malgré la hâte avec laquelle elle voyageait, et elle me l'a laissé pour qu'il reste cette saison sur le perchoir.

Cette partie fut bientôt arrangée, et lady Peveril entendit s'exhaler la mauvaise humeur de son époux, avec le même sentiment qu'on éprouve en entendant les derniers coups de tonnerre lorsque l'orage s'éloigne avec le péril. Elle fut, à la vérité, très-surprise de la singulière voie que sir Geoffrey avait choisie avec tant de confiance pour essayer d'arriver à une réconciliation avec lui ; et par égards pour le major, elle remercia Dieu qu'il n'en fût pas résulté quelque effusion de sang. Mais elle renferma soigneusement ses réflexions dans son sein, sachant bien qu'elles avaient rapport à des sujets sur lesquels le chevalier du Pic ne permettait ni qu'on mît en question sa sagacité, ni qu'on s'opposât à sa volonté.

Notre histoire n'a fait jusqu'ici que des progrès bien lents, mais après l'époque où nous sommes parvenus, il se passa à Martindale si peu d'événemens remarquables, que nous ne parlerons qu'en peu de mots de ce qui arriva pendant plusieurs années.

CHAPITRE X.

CLÉOPATRE.
« Ce qu'il me faut, dis-tu ? — c'est de la mandragore
» Pour abréger ce temps dont l'ennui me dévore. »
SHAKSPEARE. *Antoine et Cléopâtre.*

En terminant le précédent chapitre, nous avons fait entrevoir que pendant quatre ou cinq ans, depuis l'époque à laquelle nous nous sommes si long-temps arrêtés, les événemens qui arrivèrent au château n'exigent guère que quelques lignes pour l'intelligence de notre histoire. Le chevalier et son épouse continuèrent à résider à Martindale. Milady Peveril tâchait, à force de prudence et de patience, de réparer la brèche que les guerres civiles avaient faite à leur fortune, et murmurait un peu quand ses plans d'économie se trouvaient dérangés par l'hospitalité libérale de son mari, principal objet de sa dépense. Le chevalier Peveril tenait à cette hospitalité, non-seulement par caractère, mais par le désir de soutenir la dignité de sa naissance; ses ancêtres, d'après les traditions conservées dans l'office, la cuisine et la cave, ne s'étant pas rendus moins célèbres par les bœufs gras qu'ils faisaient rôtir et par la bonne ale qu'ils distribuaient, que par l'étendue de leurs domaines et le nombre de leurs vassaux.

Cependant ce digne couple vivait heureux et dans l'aisance. Il est vrai que la dette contractée envers l'ancien voisin Bridgenorth n'avait pas été remboursée; mais il était le seul créancier du domaine de Martindale. Tous les autres ayant été payés, il aurait été à désirer qu'il le fût aussi, et c'était le grand but auquel tendaient toutes les mesures économiques de lady Peveril; car quoique les intérêts fussent régulièrement payés au procurer de Chesterfield, Win-the-Fight, le capital pouvait être exigé dans un moment où le remboursement deviendrait embarrassant. D'ailleurs ce suppôt de Thémis avait toujours l'air sombre, important, mystérieux, et semblait ne pouvoir oublier le coup vigoureux qu'il avait reçu sur la tête dans le cimetière du village de Martindale-Moultrassie.

Lady Peveril traitait quelquefois directement cette affaire avec lui; et quand il venait au château pour cela, elle croyait apercevoir sur ses traits, comme dans toutes ses manières, une expression de désobligeance et de malignité. Cependant il était juste et même indulgent dans sa conduite, car il accordait des facilités et des délais pour le paiement, quand quelques circonstances mettaient le débiteur dans l'impossibilité de s'acquitter au terme convenu. Il semblait donc à lady Peveril que cet homme devait agir à cet égard d'après les ordres formels de son mandataire absent, et elle ne pouvait par conséquent s'empêcher de prendre toujours un certain intérêt à son ancien voisin.

Peu de temps après que sir Geoffrey eut échoué dans son étrange projet de réconciliation avec le major Bridgenorth, ce dernier avait quitté Moultrassie-Hall, en y laissant sa vieille femme de charge, et personne ne savait où il était allé. Il avait emmené avec lui le révérend M. Solsgrace, sa fille Alice et mistress Debora Debbitch, installée dans la place de gouvernante. Pendant quelque temps, le bruit courut que le major ne s'était retiré dans quelque partie éloignée de l'Angleterre que pour exécuter son projet d'épouser mistress Debora, et que lorsque les rieurs auraient épuisé leurs railleries à ce sujet il reviendrait l'établir maîtresse de son ancienne demeure. Ce bruit cessa pourtant bientôt de courir, et l'on assura ensuite qu'il était passé en pays étranger pour assurer la santé de sa fille, dont la constitution était toujours très-délicate. Mais quand on songeait à la haine du major contre le papisme, et à l'aversion encore plus prononcée de Solsgrace, on convint unanimement que pour qu'ils se hasardassent à mettre leurs pieds sur une terre catholique, il ne leur aurait fallu rien de moins que l'espoir de convertir le pape. L'opinion la plus générale était qu'ils étaient allés dans la Nouvelle-Angleterre, alors le refuge de beaucoup de ceux qui avaient pris trop de part aux affaires des derniers temps, ou que le désir de jouir d'une liberté de conscience illimitée déterminait à quitter l'Angleterre.

Lady Peveril ne pouvait s'empêcher de concevoir une idée vague que Bridgenorth n'était pas si éloigné. L'ordre parfait qui régnait en toutes choses à Moultrassie-Hall, et qui faisait honneur aux soins de mistress Dickens, la femme de charge, et des domestiques sous ses ordres, semblait annoncer que l'œil du maître était assez près pour qu'on eût à en craindre l'inspection d'un moment à l'autre. Il était vrai que ni le procureur ni les domestiques ne répondaient à aucune question sur la résidence de M. Bridgenorth; mais ils avaient, quand on leur en adressait, un air de mystère qui semblait en dire plus qu'ils ne le voulaient.

Environ cinq ans après que M. Bridgenorth eut quitté le pays, il arriva un accident singulier. Sir Geoffrey était allé aux courses de Chesterfield, et lady Peveril, qui était dans l'habitude de se promener dans tous les environs, seule ou accompagnée seulement d'Ellesmere ou de Julien, était sortie un soir pour aller faire une visite de charité dans une chaumière écartée où demeurait une femme attaquée d'une fièvre qu'on supposait contagieuse. Lady Peveril ne souffrait jamais que de semblables craintes l'arrêtassent dans l'exercice de ses œuvres de charité; mais elle ne se souciait pas d'exposer son fils ni son ancienne femme de charge au péril qu'elle voulait bien courir elle-même, parce qu'elle comptait sur les précautions qu'elle prenait pour éviter le danger.

Lady Peveril était partie du château assez tard dans la soirée; la chaumière qu'elle allait visiter était plus éloignée qu'elle ne le pensait, et diverses circonstances la retinrent assez long-temps chez la malade. C'était une belle soirée d'automne; la lune était dans son plein, et cet astre brillait de tout son éclat quand elle se disposa à se remettre en route, en traversant des clairières et en gravissant des montagnes qui se trouvaient sur son chemin. Elle n'avait aucune inquiétude dans un pays si tranquille et si retiré ; d'autant plus que la route traversait ses domaines, et qu'elle avait pris pour escorte le fils de la malade, jeune homme d'environ quinze ans. La distance était de plus de deux milles ; mais on pouvait considérablement l'abréger en passant par une avenue dépendante du domaine de Moultrassie-Hall. Elle n'avait pas pris ce chemin en allant, non pas à cause du bruit absurde qui s'était répandu qu'il y revenait des esprits, mais parce que son mari était aussi mécontent quand les habitans de son château mettaient le pied sur les possessions de son ancien voisin, que lorsque ceux de Moultrassie-Hall se permettaient une excursion sur les domaines de Martindale. La bonne dame, peut-être en considération de la latitude qui lui était accordée dans les affaires plus importantes, s'était fait une règle de ne jamais contrarier les fantaisies ni même les préjugés de son mari ; espèce de compromis que nous recommandons sincèrement à toutes les bonnes ménagères de notre connaissance ; car il est surprenant combien les hommes sont disposés à résigner le véritable pouvoir entre les mains du beau sexe, pourvu qu'on les laisse en possession paisible de quelque fantaisie dont ils font leur hochet.

En cette occasion, pourtant, quoique l'avenue de Dobby fît partie des domaines prohibés de Moultrassie-Hall, lady Peveril résolut d'y passer pour abréger sa route, et en conséquence elle se dirigea de ce côté. Mais quand le jeune paysan qui l'accompagnait et qui l'avait suivie jusqu'alors, un bâton d'aubépine à la main, sifflant gaiement, et son chapeau sur l'oreille, s'aperçut qu'elle s'avançait vers cet endroit formidable, il montra des symptômes de grande frayeur, et enfin s'approchant d'elle, lui dit d'une voix entrecoupée : — N'allez pas là, milady, n'allez pas là!

Lady Peveril, voyant que ses dents se heurtaient d'effroi, et que tout son extérieur annonçait l'épouvante, se rappela que le premier propriétaire de Moultrassie-Hall, le brasseur de Chesterfield, qui avait acheté ce domaine, et qui y était mort de mélancolie, faute d'avoir quelque chose à faire, et non sans donner lieu à quelques soupçons qu'il avait attenté lui-même à ses jours, revenait dans cette avenue solitaire, selon le bruit général, accompagné d'un gros dogue qui, lorsqu'il était vivant et qu'il avait sa tête, était le favori de l'ex-brasseur. Compter que le jeune homme qui l'escortait pourrait lui servir de protection dans l'état où l'avait réduit sa crainte superstitieuse, c'eût été véritablement un espoir sans fondement, et lady Peveril, qui ne voyait aucun danger à craindre, crut qu'il y aurait de la cruauté à emmener ce jeune poltron plus loin. Elle lui donna donc une pièce d'argent, et lui permit de retourner chez sa mère. Cette permission lui parut encore plus précieuse que la gratification dont elle était accompagnée; car lady Peveril n'avait pas encore remis sa bourse dans sa poche quand le bruit des sabots de son brave écuyer lui annonça qu'il était déjà bien loin.

Souriant d'une crainte qu'elle trouvait si ridicule, elle passa la barrière; et la clarté de la lune fut bientôt interceptée par les branches épaisses et touffues des grands ormes qui la bornaient et qui la couvraient d'une espèce de dôme. Ce lieu était fait pour inspirer des méditations graves et solennelles, et une lumière isolée qu'on voyait briller dans le lointain, à travers une fenêtre de Moultrassie-Hall, semblait même y ajouter une teinte de mélancolie. Elle songea au destin de cette famille, à la défunte mistress Bridgenorth, avec qui elle s'était souvent promenée dans cette avenue, et qui, quoiqu'elle ne fût pas douée de talens extraordinaires, lui avait toujours montré autant de respect que de reconnaissance. Elle pensa aux chagrins qu'avait occasionés à cette malheureuse femme la perte de ses enfans, à sa mort prématurée, au désespoir de son mari, au départ de celui-ci, à l'incertitude du sort de la petite Alice, pour qui, même après un intervalle de plusieurs années, elle conservait encore une affection presque maternelle.

Elle était entièrement livrée à ces idées mélancoliques, quand, à mi-chemin de l'avenue, elle crut apercevoir, à la lueur imparfaite qui pénétrait à travers le feuillage, quelque chose semblable à un homme. Lady Peveril s'arrêta un instant, mais elle se remit en marche sur-le-champ. Peut-être la croyance superstitieuse du temps la fit-elle involontairement frissonner ; mais elle repoussa aussitôt toute idée d'apparition surnaturelle. Et qu'avait-elle à redouter de la part des hommes ? un braconnier était l'être le plus dangereux qu'elle pût rencontrer, et si c'en était un, il ne chercherait qu'à éviter d'être vu. Elle avança donc d'un pas ferme, et elle eut la satisfaction de voir en même temps que l'homme qu'elle avait aperçu lui cédait la place, et s'enfonçait dans les arbres sur la gauche de l'avenue. En passant vis-à-vis de l'endroit où elle l'avait vu disparaître, elle redoubla le pas, en songeant que ce rôdeur de nuit se trouvait probablement à très-peu de distance d'elle, et elle le fit avec si peu de précaution, que, son pied heurtant contre une grosse branche d'arbre cassée par le vent, et qui était restée au milieu de l'avenue, elle tomba et poussa un grand cri. Une main vigoureuse ajouta à ses craintes, en l'aidant à se relever presqu'au même instant; et une voix dont les accens ne lui étaient pas étrangers, quoiqu'elle ne l'eût pas entendue depuis long-temps, lui demanda : — N'est-ce pas vous, lady Peveril?

— C'est moi, répondit-elle en exprimant sa surprise et sa crainte; et si mon oreille ne me trompe pas, je parle à M. Bridgenorth.

— Je me nommais ainsi, répondit-il, tant que l'oppression m'avait laissé un nom.

Il ne dit rien de plus, et continua à marcher en silence à côté d'elle pendant une ou deux minutes. Elle se sentit embarrassée, et pour sortir de cette situation, aussi-bien que par suite de l'intérêt véritable que lui inspirait cette question, elle lui demanda comment se portait sa filleule Alice (1).

— Je ne sais ce que c'est qu'une filleule, madame, répondit le major; c'est un de ces mots imaginés lors de la corruption et de la pollution des lois de Dieu. Quant à la jeune fille qui doit la vie et la santé aux soins de Votre Seigneurie, puisque tel est votre titre mondain, elle continue à se bien porter, d'après ce que j'en apprends de ceux qui en sont maintenant chargés, car il y a quelque temps que je ne l'ai vue. C'est le souvenir de vos bontés pour elle, et l'alarme que votre chute m'a fait éprouver, qui m'ont déter-

---

(1) Cette scène forme le sujet de la vignette du titre de ce volume. — Éd.

miné à me montrer à vous, quoique ce soit une imprudence que le soin de ma sûreté devait peut-être m'interdire.

— Le soin de votre sûreté, M. Bridgenorth! je n'aurais jamais cru que vous fussiez dans le cas de courir quelque danger.

— Vous avez donc encore quelques nouvelles à apprendre, madame. Mais vous saurez demain quelles sont les raisons qui me défendent de me montrer ouvertement, même sur mes propriétés, et qui doivent me faire désirer de ne laisser connaître à aucun des habitans du château de Martindale que je suis en ce moment dans ces environs.

— Vous étiez autrefois prudent et circonspect, M. Bridgenorth; j'espère que vous ne vous êtes pas laissé égarer par des projets téméraires, conçus trop à la hâte; j'espère.....

— Pardon si je vous interromps, madame. Il est très-vrai que je ne suis plus le même; mon cœur a été changé en moi. Dans le temps auquel il vous plaît de faire allusion, j'étais un homme de ce monde, je lui accordais toutes mes pensées, toutes mes actions, sauf quelques actes de culte extérieur et de pure forme; je ne connaissais guère quels sont les devoirs du chrétien; j'ignorais jusqu'où doit s'étendre l'abnégation de soi-même; mes pensées ne roulaient que sur des objets charnels; sur les moyens d'ajouter champ sur champ, richesse sur richesse; sur la balance à entretenir entre les partis; sur la manière de s'assurer un ami d'un côté, sans en perdre un de l'autre. Le ciel m'a puni de cette apostasie, d'autant plus coupable, que, sous le nom de religion, je cherchais mon intérêt en adorateur aveugle et charnel; mais je rends grace à celui qui m'a retiré de la terre d'Égypte.

De nos jours, quoique nous ayons parmi nous bien des exemples d'enthousiasme, nous soupçonnerions d'hypocrisie ou de folie quiconque en ferait l'aveu d'une manière si franche et si subite. Mais, dans le temps dont nous parlons, il existait des gens qui avouaient hautement de pareils sentimens. Le sage Vane, le brave et habile Harrison agissaient sous l'influence avouée de semblables opinions. Lady Peveril fut donc plus fâchée que surprise d'entendre le langage que le major venait de lui adresser, et en conclut, avec assez de raison, que la société qu'il avait vue depuis quelque temps, jointe à d'autres circonstances, avait changé en une flamme ardente l'étincelle qui était toujours restée cachée dans son cœur : cela était d'autant plus probable qu'il tenait de son père un caractère mélancolique, et que la faiblesse de sa constitution n'avait fait que l'aigrir ; il avait en outre essuyé divers malheurs, et il n'existe aucune passion qui se développe plus facilement, quand on s'y livre, que cette espèce d'enthousiasme dont il venait de donner des preuves. Elle se borna donc à lui répondre avec calme qu'elle espérait que l'expression de ses sentimens ne l'avait exposé à aucun danger et ne l'avait pas rendu suspect.

— Suspect, milady! s'écria le major ; car je ne puis m'empêcher, telle est la force de l'habitude, de vous donner un de ces vains titres que notre orgueil fait que nous autres, misérables fragmens de vases d'argile, nous nous donnons les uns aux autres. Non-seulement je suis suspect, mais je cours un grand danger : si votre mari me trouvait en ce moment, moi Anglais de naissance, et sur mes propres domaines, je ne doute pas qu'il ne fît tous ses efforts pour m'offrir en sacrifice au Moloch de la superstition romaine, qui fait rage maintenant pour trouver des victimes parmi les enfans de Dieu.

— Votre langage me surprend, M. Bridgenorth, dit lady Peveril, qui, commençant à désirer d'être débarrassée de sa compagnie, se mit à marcher d'un pas plus précipité. Mais Bridgenorth doubla le pas, et persista à la suivre.

— Ne savez-vous pas, lui dit-il, que Satan est venu sur la terre, armé d'une grande colère, parce que son règne est court? L'héritier présomptif de la couronne est un papiste avoué; et qui oserait assurer, si ce n'est un flatteur et un sycophante, que celui qui la porte aujourd'hui n'est pas également disposé à se courber sous le joug de Rome, s'il n'était tenu en respect par quelques nobles esprits de la chambre des communes? Vous ne me croirez pas; il est pourtant bien vrai que, dans mes prières solitaires et nocturnes, quand je pensais aux bontés que vous avez eues pour les membres morts et vivans de ma famille, j'ai supplié le ciel de me fournir les moyens de vous donner un avertissement salutaire; et il m'a accordé ma demande.

— M. Bridgenorth, dit lady Peveril, vous aviez coutume d'être modéré dans vos sentimens, comparativement parlant du moins; et vous aimiez votre religion sans haïr celle des autres.

— Il est inutile de rappeler ce que j'étais quand j'étais plongé dans le fiel de l'amertume, et chargé des liens de l'iniquité. J'étais alors semblable à Gallio, qui ne s'inquiétait d'aucune de ces choses. J'étais attaché aux biens du monde, je tenais à l'honneur et à la réputation que donne le monde; toutes mes pensées étaient fixées vers la terre, et si parfois elles s'élevaient vers le ciel, c'était avec froideur, par pure forme, comme les méditations des Pharisiens. En un mot, je n'offrais sur l'autel que de la paille et du chaume. Le ciel m'a donné une preuve de bienveillance en me châtiant. Il m'a retiré tout ce qui m'attachait à la terre. Il m'a privé de ce que le monde appelle honneur. Il m'a envoyé en exil loin de la demeure de mes pères, seul, désolé, bafoué, battu, déshonoré. Mais qui peut découvrir les voies de la Providence? C'est par de tels moyens qu'elle a fait de moi un champion de la vérité, un homme qui compte la vie pour rien quand il s'agit d'en assurer le règne. Mais ce n'est pas de cet objet que je voulais vous entretenir. Vous avez sauvé la vie temporelle de mon enfant, je veux sauver la vie éternelle de votre ame.

Lady Peveril ne répondit rien. Ils approchaient alors du point où l'avenue, se terminant, communiquait à la grande route, ou, pour mieux dire, à un chemin de traverse ouvert dans un champ, et qu'elle devait suivre quelque temps jusqu'à ce qu'un autre chemin sur la gauche la conduisît dans le parc de Martindale. Elle désirait plus que jamais de se voir éclairée par la lune, et elle garda le silence afin de pouvoir marcher plus vite. Mais comme ils arrivaient à la jonction de l'avenue avec la voie publique, Bridgenorth lui mit la main sur le bras, en la priant, ou plutôt en lui commandant de s'arrêter. Lady Peveril obéit. Il lui montra un vieux chêne, de la plus grande taille, qui s'élevait sur une hauteur de la plaine, et qui semblait y avoir été placé tout exprès pour servir de perspective. La lune répandait tant de lumière au-delà de l'avenue, que, grace aux rayons qu'elle dardait sur cet arbre vénérable, on pouvait voir qu'une partie de ses branches avaient été frappées par le tonnerre.

— Vous souvenez-vous, lui dit-il, de la dernière fois que nous vîmes ensemble cet arbre? ce fut le jour où j'arrivai en poste de Londres, apportant du comité un ordre de protection pour votre mari. Comme je passais sous cet arbre, je vous vis ici, à l'endroit même où nous sommes. Vous étiez avec ma malheureuse Alice. Les deux derniers de mes enfans chéris jouaient près de leur mère. Je sautai à bas de mon cheval. J'étais pour elle un époux; pour eux, un père; pour vous, un protecteur bien venu et révéré. Que suis-je à présent? — Il appuya sa main sur son front, et parut absorbé dans sa douleur.

Il était impossible à lady Peveril d'entendre l'expression du chagrin sans chercher à l'adoucir. — Bridgenorth, lui dit-elle, tout en croyant et en suivant ma religion, je ne blâme celle de personne, et je suis charmée que vous ayez cherché dans la vôtre des consolations à vos afflictions temporelles. Mais les principes religieux de tout chrétien ne doivent-ils pas lui apprendre que l'affliction doit adoucir le cœur?

— Oui, femme, répondit Bridgenorth, comme le tonnerre a amolli le tronc de ce vieux chêne, dont il a rompu les branches. Non, le bois le plus dur est celui que l'ouvrier met le plus facilement en œuvre; le cœur endurci et desséché est celui qui peut le mieux supporter la tâche que nous imposent ces temps malheureux. Ni Dieu ni les hommes ne peuvent souffrir plus long-temps la dissolution sans bornes des méchans, les railleries des impies, le mépris des lois divines, l'infraction de toutes les lois humaines. Le temps présent demande de justes vengeurs, et il s'en présentera.

— Je ne nie pas l'existence du mal, dit lady Peveril faisant un effort sur elle-même pour parler, et commençant en même temps à se remettre en marche; d'après ce que j'ai entendu dire, quoique, Dieu merci, je n'en aie pas été témoin, je suis convaincue de la corruption du siècle. Mais espérons qu'on pourra y remédier sans des moyens aussi violens que ceux auxquels vous semblez faire allusion. Bien certainement les désastres d'une guerre civile (et j'espère que vos pensées ne vont pas jusqu'à cette extrémité effrayante) seraient une alternative qui ne peut être choisie que par le désespoir.

— Terrible, mais sûre, répliqua le major. Le sang de l'agneau pascal chassa l'ange exterminateur; les sacrifices offerts sur l'aire de la grange d'Araunah arrêtèrent la peste. Le fer et le feu sont des remèdes violens, mais ils purifient.

— Hélas! M. Bridgenorth, dit lady Peveril, est-il possible que, sage et modéré comme vous l'étiez dans votre jeunesse, vous ayez adopté, à votre âge avancé, les principes et le langage des gens que vous avez vus amener la nation et eux-mêmes sur le bord d'un précipice!

— Je ne sais ce que j'étais alors, et vous ne savez pas mieux ce que je suis à présent, répliqua-t-il; et il s'interrompit tout à coup, car ils étaient alors exposés à toute la clarté que répandaient les rayons de la lune; et l'on aurait dit que, se voyant sous les yeux de lady

Peveril, Bridgenorth était disposé à adoucir son ton et son langage.

C'était le premier instant qu'elle le voyait distinctement, et elle remarqua qu'il était armé d'un couteau de chasse et d'un poignard, et qu'il avait des pistolets à sa ceinture; précautions assez extraordinaires dans un homme qui ne portait même une rapière autrefois que les jours de cérémonie, quoique ce fût l'usage constant et habituel des personnes de son rang. Il est vrai qu'il avait toujours eu l'air plus sombre qu'affable; mais il annonçait en ce moment une résolution plus déterminée que de coutume; et lady Peveril ne put s'empêcher de s'écrier, comme elle le pensait : — Oui, vraiment, M. Bridgenorth, vous êtes bien changé.

— Vous ne voyez que l'homme extérieur, répliqua-t-il; le changement intérieur est bien plus grand. Mais ce n'était pas de moi que je voulais vous parler. Comme je vous l'ai déjà dit, vous avez sauvé ma fille de l'obscurité du tombeau, et moi je voudrais sauver votre fils de ces ténèbres bien plus profondes qui enveloppent, à ce que je crains, toutes les voies de son père.

— Je ne dois pas entendre parler ainsi de sir Geoffrey, M. Bridgenorth. Je vous fais mes adieux quant à présent, et lorsque nous nous reverrons, dans quelque moment plus convenable, j'écouterai volontiers vos avis relativement à Julien, quoiqu'il soit possible que je ne les suive pas.

— Ce temps plus convenable peut ne jamais arriver. Le temps se passe, l'éternité approche; écoutez-moi. On assure que vous avez le projet d'envoyer le jeune Julien dans cette île de sang; de confier le soin de son éducation à votre parente, à cette barbare meurtrière qui a donné la mort à un homme bien plus digne de vivre dans la mémoire des hommes qu'aucun des ancêtres dont elle est si fière. Cette nouvelle se débite partout, est-elle vraie?

— Vous vous exprimez un peu durement sur le compte de ma cousine, la comtesse de Derby, M. Bridgenorth; et cependant je ne vous en ferai nul reproche, car moi-même je ne puis excuser l'acte dont elle s'est rendue coupable. Cependant mon mari et moi nous pensons que Julien pourra recevoir chez elle, mieux que partout ailleurs, avec le jeune comte de Derby, les instructions qui conviennent à son rang.

— Sous la malédiction de Dieu et la bénédiction du pape de Rome! s'écria Bridgenorth. Vous, madame, vous qui êtes si clairvoyante dans toutes les affaires qui concernent la prudence humaine, êtes-vous assez aveugle pour ne pas voir les pas gigantesques que fait Rome pour rétablir son autorité dans ce pays, jadis le plus riche joyau de sa tiare? La vieillesse se laisse séduire par l'or, la jeunesse par le plaisir, les faibles par la flatterie, les lâches par la crainte, les braves par l'ambition. Mille appâts sont offerts à toutes les passions, et chaque appât cache l'hameçon mortel.

— Je sais, M. Bridgenorth, que ma parente est catholique; mais son fils est élevé dans les principes de l'église anglicane, conformément aux ordres de feu son père.

— Est-il vraisemblable, madame, que celle qui n'a pas craint de répandre le sang du juste, sur le champ de bataille comme sur l'échafaud, s'inquiète beaucoup de tenir une promesse que sa religion lui ordonnera de violer? Supposons même qu'elle y soit fidèle, votre fils en sera-t-il plus avancé, s'il reste dans le bourbier où son père est enfoncé? Que sont vos évêchés? du pur papisme. N'avez-vous pas pris pour votre pape un tyran temporel? N'avez-vous pas substitué une messe bâtarde en anglais, à celle que vos ancêtres célébraient en latin? Mais pourquoi parlé-je ainsi à une femme qui a des yeux et des oreilles, sans doute, mais qui ne peut ni voir ni entendre, ni comprendre les seules choses qui méritent d'être vues, entendues et comprises? Quel dommage qu'un être qui a reçu du ciel des formes si belles, un cœur si excellent, soit sourd, aveugle et ignorant, comme tout ce qui est périssable!

— Nous ne pouvons être d'accord sur ce sujet, M. Bridgenorth, dit lady Peveril, désirant de plus en plus terminer cette étrange conférence, quoiqu'elle ne vît pas ce qu'elle avait à en appréhender; encore une fois, je vous fais mes adieux.

— Un instant! s'écria-t-il en lui mettant encore la main sur le bras, je vous arrêterais si je vous voyais sur le bord d'un précipice; laissez-moi vous prémunir contre un danger encore plus grand. Mais comment faire impression sur votre esprit incrédule? Vous dirai-je que la dette du sang répandu par la maison de Derby reste encore à payer? Voulez-vous envoyer votre fils parmi ceux dont on en exigera le paiement?

— Vous cherchez en vain à m'alarmer, M. Bridgenorth; quelle peine peut-on imposer à la comtesse pour une action que je ne prétends pas justifier, mais dont elle a été punie il y a déjà long-temps?

— Vous vous trompez. Croyez-vous qu'une misérable somme d'argent, donnée pour alimenter les débauches de Charles, soit une compensation pour la mort d'un homme tel que Christian, d'un homme également précieux au ciel et à la terre? Ce n'est pas à de telles conditions qu'on peut répandre le sang du juste. Chaque heure de délai est comptée comme ajoutant intérêt à une énorme dette dont le paiement sera exigé, un jour, de cette femme couverte de sang.

En ce moment on entendit un bruit éloigné de chevaux sur la route dans laquelle ils venaient d'entrer. Bridgenorth écouta un instant, et dit à la hâte : — Oubliez que vous m'avez vu; ne me nommez pas à ce que vous avez de plus proche et de plus cher; renfermez mes conseils dans votre sein, profitez-en, et vous vous en trouverez bien.

A ces mots, il la quitta, passa par une fente de la haie qui bordait le bois que le chemin cotoyait, et disparut au milieu d'un épais taillis.

Le bruit des chevaux qui s'avançaient au grand trot augmentait à chaque instant, et lady Peveril put bientôt voir, quoique indistinctement, plusieurs cavaliers descendant une hauteur à quelque distance. Ils l'aperçurent de leur côté, et deux d'entre eux, prenant le grand galop, arrivèrent près d'elle en criant : — Halte là! qui va là? Mais l'un d'eux la reconnut sur-le-champ, et s'écria : — Merci de ma vie! c'est notre maîtresse! Lady Peveril, de son côté, reconnut en lui un de ses domestiques; et son mari, survenant presque au même instant, s'écria : — Comment! c'est vous, Marguerite! par quel hasard êtes-vous si loin du château, et à une pareille heure?

Lady Peveril lui apprit la visite qu'elle avait rendue à une femme malade, mais elle ne crut pas nécessaire de lui parler de son entrevue avec le major Bridgenorth, peut-être parce qu'elle craignait que cet incident ne lui déplût.

— La charité est une belle et bonne chose, répondit sir Geoffrey ; mais il faut que je vous dise, Marguerite, que vous avez tort de courir les champs, comme un empirique, à la demande de la première vieille femme qui a un accès de colique, surtout à une pareille heure, et quand nos environs sont si peu sûrs.

— Je suis fâchée d'apprendre cela. Je n'en avais pas entendu parler.

— C'est un nouveau complot, un complot tramé par les Têtes-Rondes, un complot bien pire que celui de Venner. Et quel est l'homme qui a été le plus en avant ? notre ancien voisin Bridgenorth. On le cherche partout ; et je vous promets que, si on le trouve, on lui réglera ses anciens comptes.

— En ce cas, j'espère qu'on ne le trouvera pas.

— L'espérez-vous ? Et moi j'espère qu'on le trouvera, et ce ne sera pas ma faute si on ne le trouve pas. C'est pour cela que je me rends à Moultrassie-Hall, où je vais faire une stricte visite, comme c'est mon devoir. Aucun traître ni rebelle ne s'enfuira dans son terrier si près du château de Martindale, je vous en assure. Quant à vous, milady, vous vous passerez de selle de femme pour aujourd'hui, et vous monterez en croupe derrière Saunders, comme cela vous est déjà arrivé. Il vous reconduira au château, de crainte d'accident.

Lady Peveril obéit sans répliquer. Elle n'aurait pas même osé essayer de lui répondre, tant elle aurait craint que le tremblement de sa voix annonçât combien elle était déconcertée par la nouvelle qu'elle venait d'apprendre.

Elle monta à cheval, et retourna au château, où elle attendit avec inquiétude le retour de son mari. Il arriva enfin; mais, à son grand soulagement, sans ramener aucun prisonnier. Il lui expliqua alors, plus en détail que sa précipitation ne lui avait permis de le faire lors de leur rencontre, qu'un exprès arrivé de la cour à Chesterfield, y avait apporté la nouvelle que les anciens partisans de la république, et notamment ceux qui avaient servi dans l'armée, avaient organisé un plan d'insurrection, et que Bridgenorth, qu'on disait caché dans quelque coin du comté de Derby, était un des principaux conspirateurs.

Quelque temps après, on ne dit plus rien de cette conspiration, et il en fut de même de beaucoup d'autres dont on fit courir le bruit à la même époque. On révoqua les mandats d'arrêt; mais on n'entendit plus parler du major Bridgenorth, quoiqu'il soit probable qu'il aurait pu se montrer aussi publiquement que bien des gens qui s'étaient rendus également suspects.

Ce fut à peu près vers la même époque, et non sans verser bien des larmes, que lady Peveril se sépara pour quelque temps de son fils Julien, qui fut envoyé dans l'île de Man, suivant le projet qui en avait été formé, pour y recevoir la même éducation que le jeune comte de Derby. Quoique les discours de mauvais augure de Bridgenorth se représentassent quelquefois à son esprit, ils n'eurent pas assez de poids sur elle pour l'emporter sur les avantages que la protection de la comtesse assurait à son fils.

Ce plan réussit à tous égards; et lorsque Julien, de temps en temps, venait chez son père, lady Peveril avait la satisfaction de voir que les qualités de l'esprit se développaient en lui de même que les qualités extérieures dont la nature l'avait favorisé, et qu'il avait le plus grand désir de s'instruire. Il devint avec le temps un jeune homme accompli, et fit un voyage sur le continent avec le jeune comte. Cette mesure avait paru nécessaire pour leur donner quelque connaissance du monde, la comtesse ne s'étant montrée ni à Londres ni à la cour depuis sa fuite dans l'île de Man en 1660, et ayant constamment résidé dans son petit état aristocratique, visitant seulement quelquefois ses domaines d'Angleterre.

Cette circonstance avait donné à l'éducation des deux jeunes gens, malgré les meilleurs maîtres, quelque chose de rétréci. Mais quoique le caractère du jeune comte fût plus léger et plus versatile que celui de Julien, tous deux profitèrent de ce voyage. Lady Derby enjoignit strictement à son fils, à son retour du continent, de ne pas se montrer à la cour de Charles II; mais, étant devenu majeur, il ne crut pas nécessaire d'avoir pour elle une obéissance absolue à cet égard. Il alla donc passer quelque temps à Londres, et goûta tous les plaisirs d'une cour séjour de la gaieté, avec toute l'ardeur d'un jeune homme qui avait été élevé à peu près dans la retraite.

Pour engager la comtesse à lui pardonner cette transgression de ses ordres, le jeune comte, qui lui conservait toujours le profond respect dans lequel il avait été élevé, consentit à séjourner avec elle dans son île favorite, et lui en abandonna presque entièrement l'administration.

Julien Peveril avait passé au château de Martindale

une grande partie du temps pendant lequel son ami était resté à Londres; et à l'époque à laquelle notre histoire est arrivée, *quasi per saltum*, en sautant par-dessus plusieurs années, ils habitaient tous deux, avec la comtesse, le château de Rushin dans l'antique royaume de Man.

FIN DU TOME PREMIER.

ŒUVRES COMPLÈTES
DE
SIR WALTER SCOTT.

Cette édition sera précédée d'une notice historique et littéraire sur l'auteur et ses écrits. Elle formera soixante-douze volumes in-dix-huit, imprimés en caractères neufs de la fonderie de Firmin Didot, sur papier jésus vélin superfin satiné; ornés de 72 *gravures en taille-douce* d'après les dessins d'Alex. Desenne; de 72 *vues* ou *vignettes* d'après les dessins de Finden, Heath, Westall, Alfred et Tony Johannot, etc., exécutées par les meilleurs artistes français et anglais; de 30 *cartes géographiques* destinées spécialement à chaque ouvrage; d'une *carte générale de l'Écosse*, et d'un *fac-simile* d'une lettre de Sir Walter Scott, adressée à M. Defauconpret, traducteur de ses œuvres.

CONDITIONS DE LA SOUSCRIPTION.

Les 72 volumes in-18 paraîtront par livraisons de 3 volumes de mois en mois; chaque volume sera orné d'une *gravure en taille-douce* et d'un titre gravé, avec une *vue* ou *vignette*, et chaque livraison sera accompagnée d'une ou deux *cartes géographiques*.

Les *planches* seront réunies en un cahier séparé formant *atlas*.

Le prix de la livraison, pour les souscripteurs, est de 12 fr. et de 25 fr. avec les gravures avant la lettre.

Depuis la publication de la 3e livraison, les prix sont portés à 15 fr. et à 30 fr.

ON NE PAIE RIEN D'AVANCE.

Pour être souscripteur il suffit de se faire inscrire à Paris

Chez les Éditeurs :

CHARLES GOSSELIN, LIBRAIRE	A. SAUTELET ET Cº,
DE S. A. R. M. LE DUC DE BORDEAUX,	LIBRAIRES,
Rue St.-Germain-des-Prés, n. 9.	Place de la Bourse.

www.ingramcontent.com/pod-product-compliance
Lightning Source LLC
Chambersburg PA
CBHW051920160426
43198CB00012B/1977